本书出版获得国家社科基金一般项目（17BMZ093）、宁夏青年拔尖人才培养工程资助

乡村集市
与乡村振兴

RURAL FAIR
AND RURAL REVITALIZATION

丁生忠　著

社会科学文献出版社
SOCIAL SCIENCES ACADEMIC PRESS (CHINA)

前　言

　　乡村集市是人们以"赶集"的形式进行交流活动的综合性场所。在农村地区，集市逐渐构建一个集经济、政治、社会、文化于一体的多元空间，是连接国家与社会、城市与农村、个体与群体的重要纽带。对于西北地区来说，激发乡村集市活力是贯彻落实国家乡村振兴战略，走区域特色之路的有效选择。

　　乡村集市作为农村市场体系的一种形式，能够推动区域经济小循环。西北地区农村经济基础薄弱、自然地理环境较差，农村现代市场发展缓慢，这是建设和发展集市经济的客观依据。其一，乡村集市是满足社会整体经济需要的一种自然形式，在整个社会运行系统中，它是与人们的生产生活密切联系的公共空间。集市将农村的销售市场与消费市场融为一体，承担着平衡供需、配置社会资源、促进商品贸易的功能。这里，蔬菜瓜果新鲜、便宜；这里，锄头、铁锹等农业生产工具品类齐全；这里，牛羊、皮毛交易异常火热。其二，乡村集市是满足社会个体经济需要的一种自然形式，无论对于买者还是卖者，集市都起着为人们提供物品交换场所的作用。农民通过"赶集"，销售农副产品、手工艺品，购买城市工业品、农用物资等；商贩通过集市赚取经济利益，同时拉动地区经济发展。其三，乡村集市连接现代市场，在分散的经营者与市场体系之间建立起桥梁，把市场需求信息传输给农户，引导农业规模化和专业化发展，从而走上农业现代化之路。集市发展能扩大人口流动规模，带动人口聚集，许多特色小（城）镇就是在集市的基础上发展起来的。集镇又推动城乡协同发展，促进区域公共服务建设和第三产业发展，增加农村劳动力就业创业机会，例如，从事运输业、餐饮业，开店摆摊，进而促进三次产业融合发展。

乡村集市是农村电商发展的重要平台。在科技日益发达的今天，西北地区农村电商发展所需的人才、资金、物质资源仍然较为短缺，尤其是网络通信在许多农牧业地区仅仅覆盖到乡镇，而乡镇是多数乡村集市所在地，因此可以将电商建立在集市上。一方面，集市的硬件和软件资源优势可以助推农村电商发展，农民群众利用"赶集"的机会，线上线下销售或消费，满足自身日益增长的美好生活需要；另一方面，集市的聚合效能吸引企业主体参与投资农村电商事业，建立电商信息化系统，推进电商技术运用，应用现代科学技术获取生产、销售大数据，促进农村经济发展。

乡村集市是农村物流发展的重要节点。农村电商与农村物流是"孪生兄弟"，两者皆为驱动农村发展的新引擎。西北地区地广人稀，特别是位于山区、牧区的农村，距离县城几十公里甚至上百公里，农民直接将农副产品、手工艺品销往县城的成本太高。因此，构建县、乡镇、村三级农村物流服务体系，将乡村集市作为农村物流的中转站，可以打通农村物流的"最后一公里"。乡村集市作为农副产品集散地，可以对接综合批发市场、综合超市、冷鲜市场，确保农副产品及时进入消费市场。

乡村集市是农民观察外界的窗口、社会交往的公共空间。西北地区农村社会相对封闭，人们从四面八方聚集到集市，人与人、人与村、村与村通过集市联系起来，在满足经济需要的同时，也拓展了社会关系网络。乡村集市不仅是商品的集散地，还是一个信息资源库，"赶集"活动使乡邻之间、城乡之间、买卖者之间在互动中传递信息、传播知识、传授技能，无形中使农民增长了见识、开阔了视野。在集市上，农村文艺会演、民间戏剧表演等活动都蕴含社会规范和行为准则，潜移默化地劝诫群众做遵纪守法的公民。买者、卖者会聚于集市，必须按照规范和秩序约束自己的行为举止，以便融入其中。集市所具有的聚集性、交往性、人文性等特征，使群众通过"赶集"交流思想，联络感情，在日常生产生活中聚集的不良情绪通过合理的"安全阀"宣泄出去，由此维持了正常的平衡状态，推进了农村社会良性运行和协调发展，为乡村振兴建设保驾护航。

乡村集市是政策法规宣传的公共场所，成为基层社会治理的重要空间。随着西北地区农村生活水平不断提高，群众民主意识不断增强，以乡村集市为平台发展农村公共产品和公共服务，构建政府、市场和社会多元主体合作治理格局，形成"三位一体"的互动协调模式，坚持以人民为中心的发展思想，维护群众的利益，这是现代农村发展的历史必然。首先，村委会可以通过集市平台，公开展示农村财务、涉农项目等，自觉接受农民群众的监督。其次，基层政府可以通过集市的公共空间宣传党的路线方针政策、开展禁赌禁毒教育、科普公共卫生防控知识等；通过张贴海报、发放宣传册、大喇叭广播等形式，规训商人坚守职业操守，抵制假冒伪劣产品，维护消费者利益。最后，社会团体可以将国家的政策法规与农村熟悉的人和事融合，编排成丰富多彩的节目，宣传引导乡风文明建设，树立道德模范与好人好事典型，如好公婆、好媳妇、文明和谐家庭；推动农村社会移风易俗，如抵制高额彩礼、倡导红白喜事简办等，从而传播社会正能量，规范农村社会治理。

乡村集市是乡村精神文明建设的阵地，可以促进文化传承、保护与重构。西北地区在长期发展中创造了丰富多彩的民族文化、黄河文化、草原文化，形成独具特色的新疆烤肉、宁夏剪纸、凤翔泥塑、裕固族刺绣、陇南皮影戏、青海唐卡等，这些地方文化植根于乡村生活沃土，并呈现在集市上。集市将不同的风土民俗融合重构，衍生出新的文化形态，例如，西北地区流行的花儿、秧歌在各地发展出多样的演绎版本。乡村集市也是传播新时代社会主义先进文化、红色文化的场所，可发挥优秀文化作品的正向激励功能，抵制腐朽、低俗的文化进入农村。可借助集市的人口密集流动效应，规范农村文化发展的方向，提升人们的精神生活品质，铸牢中华民族共同体意识。

　　乡村集市是新知识新思想建设的载体，可促进文化传播、交流与融合。可以通过乡村集市这个平台，推广农业新技术，普及农村医疗卫生知识。乡村集市呈现丰富的传统文化资源，如看物估值、吆喝还价、秦腔、陇剧、萨玛舞等，都会勾起人们的"乡愁"记忆。可以集市为介质，吸引游客参加"文化赶集"活动，逐步将农村文化传播到城市，与城市文化融合，形成新的文化元素，延续农村文化的生命力。与此同时，乡村集市辐射周边十里八乡，无论是衣食住行还是言谈举止，农民群众都会受到集市上所见所闻的城市现代文化的影响，并将这些现代文化元素传播到农村，与农村原有文化形态融合再生，从而拓展城市文化的发展空间。由此可见，在乡村集市的聚合性空间，多元文化形态得到交流交融，农村文化结构体系得以更新，农民群众的行为更加规范，农村文化得以健康发展。

　　综上，乡村集市是社会发展的产物，在引导农村可持续发展的同时，虽然面临各种挑战，但是依然活跃在西北地区农村。乡村集市是农村的初级市场，对内促进经济循环，对外连接现代市场推动商品流通，在农村经济贸易体系中占据重要的地位。乡村集市将周边农民群众有机地凝聚在一起参与商贸和文化活动，促进农村社会内部结构整合。集市也促进农村社会与外部世界的互动，借助现代交通网络与媒介技术，吸引现代性元素进入农村，进而解构与重构农村建设主体的认知，促进乡村振兴。

目录
Contents

第一章　导论

第一节　乡村集市发展简述

一　集市空间布局

乡村集市作为一种定时定点有形的空间集合，是由若干空间子集构建而形成的，这些子集有的是可见的有形之物，如支架、桌椅等，有的是看不见的无形之物，如气味、位移等（王敏，2015）。乡村集市是一个集经济、政治、社会、文化于一体的多元空间，它的场域规模、贸易模式、经济容量、市场主体等既是确定的，又是不确定的，随着农村社会的发展而不断变迁，各种因素相互嵌套交错运行。乡村集市承载着农民群众的日常生活和贸易活动，是最容易牵动社会秩序和政治关系的空间（赵守超，2018）。梳理乡村集市的空间结构特质与构成要素，既可以加强有效的治理，也能拓宽整体规划发展路径，从而促进农村经济社会发展。

从乡村集市的个体空间来看，每个集市都占有一定的物理空间，规模大的集市占地几十亩或几百亩，规模小的集市占地几亩。一般情况下，集市位于某个公路的两侧或者一侧，并按照不同的类型划分为若干个功能区，通称为某某市场，诸如粮食市场、蔬菜市场、布匹市场、肉类市场、百货市场、干果市场、家禽市场、牲畜市场等，每个市场被围栏维护又独自占有一定的空间。在某个市场内部又分成小的功能区，以牲畜市场为例，包括羊买卖区、牛买卖区、骡马买卖区等。实际上，在规模较小的集市上，被称作市场的地方仅仅是几个或十几个摊位而已。一般所说的无形空间子集，就是日常生活交易中不会突破的边界，例如，百货市场距离家禽市场总是有一定的距离，但是没有任何遮挡物，或许是百货市场有百货市场的气味，家禽市场有家禽市场的气味吧。

从乡村集市之间的连接看，在西北地区，集市之间往往由公路、车站构成交通网络。一般来说，位于县城的集市规模最大，县域行政区域内又有若干个乡镇集市或十字路口集市，通过公路连接形成不规则的几何图形。县城与县城之间的集市通过省道连接，如此类推，整个西北地区就形成了巨大的集市空间网络。大大小小的集市，每天将城市工业品输送到农村，同时也将农村农牧产品和民间手工艺品集中，通过车站或者当地物流输送到全国各地甚至国外，从而维系城乡居民不同层次的生活需求。

根据不同的标准，可以把集市划分为不同的类型。樊树志在《明代集市类型与集期分析》一文中将集市分为四类：一是不定期集市，这是集市的最初状态，没有固定的集期和贸易地点，是偶尔发生在乡村的交易行为，有人有物就交换，没人没物一切皆"墟"；二是定期集市，随着不定期集市的发展，货物和人员逐渐多起来，某个地方成为货物交易的固定场所，居住在周围的乡民定期前往赶集；三是常市，它是定期集市发展的完整形态，是经济高度发展、物质极大丰富的结果，一年四季随时都有集市贸易；四是特种集市，这种集市的表现形态就是庙会，借助宗教文化活动的特定日期或定期性的庙会开展集市贸易。石忆邵在《中国农村集市的理论与实践》中，将集市分为四类：每日市场或连续性市场、周期性市场或定期性市场、特殊市场（如物资交流会或庙会等）、国际集市（如博览会等）。慈鸿飞在《二十世纪前期华北地区的农村商品市场与资本市场》中把地方农村市场贸易的集市分为三个层次：中心市场，一般位于县城或范围比较大的镇；中介市场，顾名思义它是介于农村与县城中心市场的集市，通常坐落在中小规模的乡镇；村集市场，自然是在农村，满足农民简单的日常生活所需交易。这三个层级的市场构成的体系被慈鸿飞借用施坚雅的理论称为"基层市场共同体"。

西北地区乡村集市是从近代延续下来的经济、社会、文化场域，其分类在某种程度上与上述学者的分类既一脉相承，又呈现不同的地方性特征，可以将其分为定期集市、季节性集市、特殊集市三种类型。

第一，定期集市。这是最常见的乡村集市形态，集期以农历每月某日为计算单位，赶集的日期根据各地的经济社会发展水平和自然地理条件，呈现多样化的特点。

一是十日一集，青海省民和县、湟源县、湟中县，甘肃省卓尼县、迭部县、玛曲县的一些乡镇，由于人口居住分散，每逢农历每月初一、十一、廿一为赶集日，也就是农历见"一"为赶集时间。

二是七日一集，青海省湟源县、化隆县、循化县，新疆阿图什市、莎车县的一些乡镇，每逢星期六或星期天为赶集日。

三是五日一集，青海省湟源县、化隆县、循化县、民和县、河南县、门源县，新疆民丰县的一些地方，每逢农历每月初五、初十、十五、廿、廿五、三十有集。

四是三日一集，这是较为常见的定期集市，在宁夏同心县、海原县、彭阳县、西吉县、隆德县、盐池县，甘肃省临夏县、广河县、东乡县、积石山县等地，每逢农历每月初一、初四、初七、十一、十四、十七、廿一、廿四、廿七为赶集日，也就是说，农历每月"一、四、七"有集；或者每逢农历每月初三、初六、初九、十三、十六、十九、廿三、廿六、廿九为赶集日，也就是说，农历每月"三、六、九"有集；或者每逢农历每月初二、初五、初八、十二、十五、十八、廿二、廿五、廿八为赶集日，也就是说，农历每月"二、五、八"有集。

五是一日一集，也就是平时所说的常集，往往在早上赶集，中午集市散，在青海省、甘肃省以及与青海省接壤的一些县城常出现常集，乡镇很少，甚至没有。

第二，季节性集市。这种集市一般是农产品收获时节自然形成的集市，例如，宁夏海原县的硒砂瓜成熟期，宁夏西吉县的土豆成熟期，甘肃省定西市的土豆成熟期，新疆瓜果成熟期，外地客商专程到产地收购农产品，由此在农田周围的广场上形成农产品集市，同时还伴随销售其他日常生活用品。

第三，特殊集市，即物资交流大会、宗教文化节日、旅游性质的花会。青海省互助县丹麻戏会就是文化节日集市，每年夏天举行，持续时间为三至五日，节日期间沿着河谷举办唱大戏、商品贸易、朋友聚会等商贸文化活动。青海省、甘肃省的花儿会带有商品贸易、休闲旅游、青年男女交友联谊等性质，新疆的少数民族节日也伴随物资贸易等活动。甘肃省甘南州合作市每年夏季举行的浪山节，吸引游客的同时，进行商贸文化活动。宁夏南部山区的物资交流大会，每年不定期在县城举行，持续一个星期左右。

二　集市结构模式

从乡村集市的宏观结构看，西北地区乡村集市在发展过程中根据所在地理位置可分为四级：县城集市、乡镇集市、十字路口集市、村级集市。每个层级的集市都发挥各自独立的功能，同时又彼此联系。也就是说，每个层级的集市在市场贸易、文化交流、社会互动等方面发挥的作用是彼此联系着的。

县城集市：县城是当地的经济、政治、社会以及文化中心，也是当地最繁华的地方。一般来说，县城集市在县域所有集市中规模最大，货物交易量最多，功能也最为齐全。例如，宁夏同心县集市分为牲畜市场、肉类市场、蔬菜市场、布匹市场、干果市场、衣服市场、百货市场、粮油市场，每个市场之间相互贯通。在市场的周边布满大大小小的商铺，满足不同群众的生活需要。同心县每月逢农历"一、四、七"有集，赶集日人员密集，场面十分壮观。此外，青海省湟源县集市没有固定的集期，现有各类商品交易市场7个，总营业面积为39532平方米，固定摊位共计697个，其中综合市场四个，分别是影视商贸中心市场、腾龙市场、创业路步行市场、湟源商业步行街，涉及经营品种有餐饮、服装、日用品、建材、电器等，营业面积共计 14832 平方米，固定摊位共计 457 个；农产品综合市场三个，分别是湟源丹城农贸市场、青海艺源农副产品交易市场，以及丹噶尔农副产品市场，总营业面积为 24700 平方米，固定摊位共计 240 个，主要经营瓜果蔬菜、粮油等各类农副产品。这类集市在增强商品集散辐射功能、满足人们生活所需、扩大就业等方面发挥了比较重要的作用。

乡镇集市：乡镇集市大多数位于乡镇政府周边，通常在贯穿乡镇的交通要道旁边。这里交通便利，地势平坦，有利于居住在周围十里八乡的农民群众赶集，也便于商贩运输货物。宁夏隆德县沙塘镇集市位于镇政府的北面，312 国道从旁边经过；甘肃省广河县三甲集集市是西北重要的牛羊和皮毛交易市场，309 省道贯穿市场；陕西省宁陕县江口镇集市有 210 国道横穿而过。

十字路口集市：这类集市一般没有集期，也没有露天交易市场，主要由分布在十字路口四周的店铺组成，很多店铺也会把货物摆放在自家商铺的门前，从而招揽顾客。在人口稠密的地区，十字路口集市上还有邮政、电信、移动等公司的服务网点。十字路口集市的产生是由于地处交通要道，人流量大，货物交易相对便利。例如，宁夏同心县河西镇的盐兴路口，是宁夏银川到甘肃平凉的银平省道和陕西延安到甘肃兰州的省道交叉的十字路口。此外，京藏高速宁夏段小洪沟服务区距盐兴路口集市约两公里，经过高速服务区的公路还有西安到银川高速、兰州到银川高速、固原到银川高速等，业务十分繁忙。十字路口集市在功能上与乡镇集市类似，有的十字路口集市在规模上超过了当地乡镇集市，承担货物集散地的功能。

村级集市：村级集市在整个乡村集市体系中规模最小，一般是在村中央，由商店和露天货物散销点组成，主要是为了满足群众日常生活需求，主要售卖油盐酱醋等日用品。在交通极为不便的偏远地区，村级集市扮演着非常重要的角色。

从乡村集市的宏观结构看，西北地区乡村集市构成了一个完整的经济、社会、文化系统，是在一定的结构维系下运行的。在集市的结构体系中，整体视角层面的研究以美国学者施坚雅的研究最具代表性，他以中心地理论为依据，认为基层墟市、大市集、市镇是一个层级性的整体，基层墟市围绕中心市场按照等六边形结构排列（施坚雅，1998）。个体视角层面的研究以李建民的研究最具代表性，他从静态方面分析集市各要素之间的相互联系以及作用的方式或顺序（李建民，1991）。

西北地区乡村集市包括以下几种要素。①销售者：乡村集市作为一个集经济、政治、社会、文化于一体的综合性场域，经济贸易是一项重要的职能。在集市贸易中，销售者构成集市贸易的主体，组织商品进入市场，完成市场交易行为。在集市结构体系里销售者包括两类：一是商贩，二是农民群众。商贩是集市上的职业销售者，集商品采购、定价、销售等各个环节于一体。农民群众是暂时销售者，通过销售自己生产的农牧副产品，获取一定的经济收益，完成销售后就回归到生产者的行列。实际上，销售者的身份非常复杂，不同角色之间可以互换，商贩在特定条件下或许可以成为生产者，农民群众在获取一定商机后也有可能转变成商贩。②购买者：乡村集市的主要购买者是周围居住的农民群众。当然，来到集市上的每个人都是潜在的商品购买者，这使集市的交易行为具有不确定性。商品销售者通过对商品的包装、宣传（如吆喝），激起购买者的好奇心，进而增强其购买的愿望。③旁观者：乡村集市的主要功能是商品贸易，同时还有其他的功能，如社会互动、文化交流、政治宣传等。集市上的旁观者有很多种类：有的人没有任何目的，就是在集市逛一逛或散散心，享受集市文化；有的是男女青年约会，享受逛集市如同逛公园的感觉；有的人是想在集市上获取一定信息，如外出务工、农业种植等；有的是从外地来参观旅游的；等等。④管理者：乡村集市的管理者主要是政府职能部门的工作人员，他们负责维护集市的正常运转秩序，推动集市可持续快速发展。集市的健康发展需要有效的管理制度和管理形式，从管理形式看包括直接管理和间接管理。直接管理形式有两种：一是国家通过行政手段对集市进行管理，如发布行政命令、采取行政措施等；二是国家通过法律、法规对市场进行法律调控。间接管理形式也包括两种：一是国家运用经济手段影响和调节集市的商贸活动；二是国家及各级市场管理机构运用宣传方式影响集市的舆论导向。

西北地区乡村集市各要素并不是彼此独立的，而是相互联系的有机整体，共同促进农村经济、社会、文化发展。集市上的交易行为是销售者和购买者之间进行的商品贸易的总和，传递着三种信息。一是问价。这个看似简单的行为，不仅告诉问价者该种商品的价格，还传递给周围群众该种商品的价格变化所包含的信息，例如，电视机价格上涨了，可能传递给其他群众的信息是准备给儿子娶媳妇的费用增加，再如玉米价格下跌，不仅是本次交易的经济行为，更可能传递出农民群众虽然丰收，但是经济收益没有提高，即有增长而无发展的"内卷"现象，对来年农民群众的农业种植结构可能产生潜移默化的影响。二是商价。通常称为讨价还价，即交易双方在商品交易中对商品价格进行磋商，对商贩来说就是利润大小。三是拍价。这是商品交易的实质环节，买卖双方经过价格争辩，最终达成共识，商品得以成交。乡村集市对商品信息和动向具有扩散作用，诸如政府管理制度的变动，物价的涨落，个人收入和购买力的升降，外地或邻近市场行情的变化，交通运输条件的改善和消费者消费观念的更新等，都对农村地区的发展产生很大的影响（李建民，1991）。

第二节　乡村集市主体概述

一　集市主体简介

根据西北各省区年鉴的相关数据，2018 年底，西北地区拥有各类市场主体 711.14 万户，其中陕西的市场主体最多，为 146.9

万户，青海的市场主体最少，为 41.78 万户。宁夏 2018 年有各类市场主体 59.14 万户，其中企业 16.07 万户，占 27.17%。私营企业为 14.96 万户，同比增长 10.51%，其中固原市、吴忠市分别拥有私营企业 13946 户、21108 户（宁夏地方志编审委员会、宁夏回族自治区地方志办公室编，2019：234~235）。在宁夏，2018 年社会消费品零售总额为 935.76 亿元，城镇零售总额为 854.01 亿元，农村零售总额为 81.75 亿元。商品零售价格指数为 102.9，其中城市为 102.9，农村为 103.2；居民消费价格指数为 102.3，其中城市为 102.2，农村为 102.7（宁夏地方志编审委员会、宁夏回族自治区地方志办公室编，2019）。2019 年社会消费品零售总额比上年增长 5.2%，城镇零售总额增长 4.7%，农村零售总额增长 11.1%；餐饮收入额增长 8.1%（宁夏地方志编审委员会、宁夏回族自治区地方志办公室编，2020：286）。2020 年社会消费品零售总额为 1301.4 亿元，比上年的 1399 亿元下降 7%。其中，城镇零售总额为 1123.8 亿元，农村零售总额为 177.6 亿元。2020 年，宁夏改造城市便民智慧市场 3 个和乡镇农贸市场 7 个（宁夏地方志编审委员会、宁夏回族自治区地方志办公室编，2021：268）。

青海省 2018 年底有市场主体 41.78 万户（谭梅，2019），为推进农产品市场管理，2018 年青海利用省级商贸流通资金 700 万元，带动社会投资 6183 万元，新建、改建或扩建 10 个公益性市场，解决 2300 余人就业问题，推进湟源、平安、乐都、兴海、海晏、尖扎、甘德、囊谦、杂多、德令哈、格尔木 11 个县（区、市）进入"全国电子商务进农村综合示范县"，新建乡镇电子商务综合服务站 58 个，村级电子商务综合服务点 349 个，加速推动电商与物流协同发展（青海地方志编纂委员会编，2019：204）。2020 年全省限额以上商贸企业由 572 家增加到 705 家，年度增幅达 23%，是近年来增加数量最多的一年。全省批发零售业实现商品销售额 2404.86 亿元，同比增长 6.3%（青海地方志编纂委员会编，2021：264~266）。

甘肃省 2018 年底有市场主体 159.15 万户，其中个体工商户110.74 万户，从业人员 212.96 万人；私营企业 34.94 万户，从业人员 262.57 万人；农民专业合作社 10.14 万户，出资总额 0.27 万亿元，成员总数 77.84 万人（甘肃省地方史志办公室编，2019：249）。非公经济市场主体累计达到 155.82 万户，占市场主体总数的 97.91%（甘肃省地方史志办公室编，2019：228）。甘肃省建立国家级公益性农产品示范市场，2018 年定西马铃薯综合交易中心的土豆、白菜、大葱、洋葱、萝卜、辣椒、茄子、黄瓜、西红柿、西葫芦等 23 种农产品的批发价格低于当地物价，与国内多个流通企业签订合作框架协议，年销售额达到 21 亿元（甘肃省地方史志办公室编，2019：224）。甘肃省还积极组建供销集团，2018 年底拥有企业 208 个，通过股权投入、开放办社等方式发展控股企业115 家、参股企业 144 家，开放办社企业 185 家，有 16 个市、县组建起供销集团，逐步探索规模化发展。新建基层社 21 个、村级综合服务社 447 个，领办农民专业合作社 426 个，乡、村服务覆盖面扩大到 74% 和 50.6%（甘肃省地方史志办公室编，2019：226）。2020 年甘肃社会消费品零售总额为 3632.4 亿元，其中，城镇为2991.2 亿元，农村为 641.2 亿元。围绕"牛羊菜果薯药"建设市、县、乡三级市场体系，建成运营 10 个大型商品交易市场，年交易额达 260 亿元，建成 50 个农产品产地批发市场、1173 个县乡农贸市场，实现主要县区、重点乡镇全覆盖（甘肃省地方史志办公室编，2021：285）。

新疆 2017 年底拥有市场主体 146.9 万户，其中企业 32.2 万户、个体工商户 110.8 万户、农民专业合作社 3.9 万户，私营个体从业人员 376.68 万人，同比增长 12.56%，成为吸纳就业的重要渠道（查燕荣，2018）。新疆积极推进农村市场建设，2018 年有 2 家市场被列为首批全国公益性农产品示范市场（新疆维吾尔自治区地方志编纂委员会编辑，2018：206），新疆通过供销合作社促进农村社会化服务体系建设，推动农副产品外销，截至 2018 年初，共有乡村综合服务社 4780 个、农民专业合作社 4688 个，组建专业合作社联合社 118 个（新疆维吾尔自治区地方志编纂委员会编辑，2018：215）。伊犁、昌吉、巴音郭楞等地搭建农业生产和农村生活服务、农资和日用消费品供应等一体化的为农综合服务中心。

　　陕西省制定《陕西省人民政府关于深化商事制度改革促进市场主体发展的意见》，全面实施简化企业开办和注销程序行动，全面规范"多证合一、一照一码"改革，加大工商登记全程电子化改革力度，2018 年底有市场主体 304.17 万户（陕西年鉴编纂委员会编纂，2019：91）。供销流通体系发展农副产品经营企业 165 家、经营网点 720 个；日用消费品企业开展连锁经营，发展企业 158 家、经营网点 4662 个；再生资源回收企业探索开展农村生活垃圾分类回收和处理，发展企业 31 家、经营网点 372 个（陕西年鉴编纂委员会编纂，2019：142）。2020 年陕西省社会消费品零售总额为 9605.92 亿元，其中，城镇 8543.65 亿元，农村 1062.27 亿元，建成农商互联完善农产品供应链 45 个，总投资 13.7 亿元（陕西年鉴编纂委员会编纂，2021：274）。

二　集市研究述评

　　西方社会工业化起步早并且现代化程度高，市场结构体系比较健全，形成了一整套的理论和方法，值得我们在市场建设或集市发展方面借鉴学习。从某种程度上讲，西方关于集市的研究经历了早期注重理论研究到后来向行为领域拓展的演进过程，大体分为三个阶段。首先，中心地理论，这是 1933 年克里斯塔勒（Christaller）提出的。该理论认为城市或者说中心地的分布在一定的范围之内遵照某种规律，构成城市等级结构体系（石忆邵，1995），呈现一个正六边形的地域空间中心，并受市场、交通和行政的影响而形成不同的系统。其次，20 世纪 60 年代中心地理论被运用于解释集市的形成与发展，衍生出两种有深远影响的理论：施坚雅（G. William Skinner）运用中心地理论，结合在中国西南地区农村集市的研究，提出了市场共同体理论（施坚雅，1998）；斯坦（Stine）将中心地理论应用到集市的形成过程和运行机制的研究，提出了集市发展阶段模式理论，认为商贩的流动性取决于商品最大和最小范围的流动。最后，20世纪70年代，海依（Hay）扬弃了斯坦的理论，构建了集市区位形成的经济分析理论，用商贩的长期平均曲线和需求曲线的关系，解释对流动性销售方式的选择；艾劳（Alao）修正了斯坦的理论后提出集市环理论，阐释市场结构从周期性发展为固定中心的进化路径。同时，史密斯（Smith）等对集市周期性进行了分析，认为市场赶集在时间和空间上的安排是为了方便参与者（李正华，1998）。

国内对集市的研究由来已久，学者们从不同的侧重点对集市进行全面分析。从经济学视角看，集市研究侧重于探索供需关系、价格形成机制、市场系统的空间效率等，进而解释集市与城镇、农村经济的联系。钟兴永（1996）分析了集市贸易的起源、轨迹、地位和作用及各个时期集市贸易状况和特点。从社会学视角看，在集市参与者的特征、行为、感应和偏好等方面，集市往往被研究者视为交往与连接的场域。费孝通（1996）在小城镇发展理论中指出集镇起源于商品集散地的"市"，但又超越"市"的等级，城镇中有市，农村中也有市。农村现代化走向必然是城镇化，由城镇化带动农村发展的同时促进乡村振兴。社会心理学强调心理因素在集市决策过程中的重要性，政治社会学侧重集市交换中的权力、政治。奂平清（2005）指出政府对乡村集市变迁的影响；吴晓燕（2008）认为集市的形成受制于政府，政府在集市发展中扮演重要的角色。从地理学视角看，相关研究往往注重集市理论模型建构，并关注集市的空间系统、时空协同、等级体系以及集市周期等。施坚雅（1998）研究了中国农村集市发展、变迁和现代化的过程，以及集市体系对村落经济社会结构的影响。从人类学视角看，研究者更加关注集市的起源、演变及其内部组织，或运用经济区位理论来解释区域社会系统中的周期性市场和不同聚落的功能。费孝通（1984）

把集市视作以生产者之间相互交换为基础形成的场合；王笛（1993）认为集市是农民货物流通的场所，也是社交场所。

对少数民族地区集市问题的研究，主要关注的是集市中少数民族的历史传统、交易行为背后的宗教文化内涵、区位地理结构、非正式制度等方面。林耀华（2003）指出西北地区在地理位置上属于农牧文化经济发展类型，为该地区集市的民族性和区域性特征提供佐证；李德宽（2003）以宏观人文地理视角，指出西北少数民族"复合型经济"与地缘构造的关系，揭示了少数民族经济背后复杂深刻的缘由（李德宽，2003）；毛佑全（2005）考察了云南边境的集市贸易，认为集市的文化辐射功能和特征日益突出，促进了少数民族山区集镇的发展；张跃、王晓艳（2010）指出少数民族地区的集市是现代文化、传统文化及民族文化的连接点。

综上所述，多学科研究使得集市的发展变迁得以丰富呈现。从地域上看，无论是实证调查还是理论总结，更多的是基于西南、东北、江南和华北地区的集市，那里社会发展较快，农村商贸往来频繁，然而西北地区特别是偏远地区经济社会发展滞后，集市贸易发展缓慢，研究也相对薄弱；从研究内容看，相关研究多集中在集市的空间结构、功能、集期、发展趋势，将集市与社会转型、乡村社会变迁、农村扶贫开发、城镇化建设结合起来的研究较少；从研究对象看，对集市静态要素的分析较多，对集市动态要素（如销售者、购买者、旁观者、管理者等）的分析较为欠缺。本书以乡村集市为切入点，探索集市在西北地区乡村振兴中的功能，把集市研究引入新领域。

第二章　乡村集市与农村经济发展

第一节　农村经济发展

一　农村产业

根据国家和西北地区统计部门公布的《国民经济和社会发展统计公报》，2022 年全国第一产业增加值为 88345 亿元，比上年增长 4.1%。西北地区第一产业增加值分别是：陕西 2575.34 亿元，比上年增长 4.3%；甘肃 1515.3 亿元，比上年增长 5.7%；宁夏 407.48 亿元，比上年增长 4.7%；青海 380.18 亿元，比上年增长 4.5%；新疆 2509.27 亿元，比上年增长 5.3%。从数据看，第一产业增加值同比都有增加，并且增长速度都高于全国平均水平，其中增长速度最快的是甘肃，为 5.7%，高出全国平均水平 1.6 个百分点；增长速度最慢的是陕西，高出全国平均水平 0.2 个百分点。从第二产业增加值增长速度看，2022 年全国平均水平为 3.8%，西北地区第二产业增加值增长速度最快的是青海，为 7.9%，高出全国平均水平 4.1 个百分点；增长速度最慢的是甘肃，为 4.2%，但是仍然高出全国平均水平 0.4 个百分点。此外，陕西、宁夏、青海第二产业增加值增长速度均超过 6%。从第三产业增加值占国内生产总值比重来看，2022 年全国平均水平为 52.8%，西北各省区第三产业增加值占地区生产总值比重均低于全国平均水平，其中甘肃最高，为 51.3%，其余各省区均在 50% 以内，可见第三产业仍然是西北地区有待进一步发展的产业。

据统计，2022 年全国国内生产总值为 1210207 亿元，人均国内生产总值为 85698 元，比上年增长 3.0%。西北三省二区中，陕西

2022 年地区生产总值为 32772.68 亿元，比上年增长 4.3%，甘肃地区生产总值为 11201.6 亿元，比上年增长 4.5%；宁夏地区生产总值为 5069.57 亿元，比上年增长 4.0%；青海地区生产总值为 3610.07 亿元，比上年增长 2.3%；新疆地区生产总值为 17741.34 亿元，比上年增长 3.2%。从增长速度看，除青海外，其余省区都在 3% 以上且高出全国增长的平均水平。西北三省二区中，陕西 2022 年人均地区生产总值为 82864 元，比上年增长 4.3%；甘肃人均地区生产总值为 44968 元，比上年增长 4.7%；宁夏人均地区生产总值为 69781 元，比上年增长 3.5%；青海人均地区生产总值为 60724 元，比上年增长 2.1%；新疆人均地区生产总值为 68552 元，比上年增长 3.2%。其中，甘肃人均地区生产总值最低，但是与上年相比增长速度最快，陕西人均地区生产总值最高。

2022 年西北地区人均可支配收入低于全国平均水平（36883 元），然而增长速度均高于全国平均水平（3.7%），但除陕西外，其余省区人均可支配收入都在 3000 元以下。从城镇居民人均可支配收入增长变化看，宁夏增长最快，为 5.0%，高出全国平均水平 1.3 个百分点；新疆增长最慢，低出全国平均水平 1.7 个百分点。从农村居民人均可支配收入增长变化看，全国平均水平增长为 6.3%，青海、新疆与全国平均水平相同，宁夏增长最快，为 7.1%。从横向比较看，农村居民的人均可支配收入增长速度高于城镇居民。可见，国家实行的农业农村优先发展政策、惠农政策以及乡村振兴战略发挥了巨大的作用，农民群众的生活水平得到了大幅度改善。2022 年全国人均消费支出为 24538 元，比上年增长 1.8%，西北地区城乡居民的人均消费支出均低于全国平均水平。西北地区城镇居民消费支出呈下降态势，青海下降得最快，为 21700 元，下降 11.5%，消费支出甘肃最高，为 25207 元；农村居民消费支出陕西、甘肃有所增加，宁夏、青海和新疆下降。陕西人均消费支出为 14094 元，比上年增长 7.1%，在西北地区中最高最快，甘肃人均消费支出最低，为 9693.9 元，青海人均消费下降最多，为 5.9%。农村居民消费支出排在前三位的分别是食品（含烟酒）、居住、交通通信，集中在衣食住行方面，主要满足物质生活需要，精神文化生活消费所占比重较低，由此可以看出，农村居民生活水平相对较低。

二　农村经贸

2022 年社会消费品零售总额全国为 439733 亿元，比上年下降 0.2%。西北三省二区中，陕西比上年上升 1.5%，宁夏比上年上升 0.2%，甘肃比上年下降 2.8%，青海比上年下降 11.2%，新疆比上年下降 9.6%。从城镇社会消费品零售总额增长情况看，全国平均下降速度为 0.3%，陕西增长速度最快，为 4.7%，甘肃、青海、新疆下降速度远超全国平均水平，并且青海下降最多，为 11.2%。从农村社会消费品零售总额增长情况看，西北地区只有陕西增加 6.2%，其余四省区均出现下降，青海下降最多，为 11.0%，宁夏下降最少，为 1.8%。根据统计数据能够看出，农村经济贸易比较平淡，需要通过赋能活跃农村市场。

近年来，西北地区旅游业发展受到当地政府的高度重视，旅游经济特别是乡村旅游经济带动了农村经济发展，农民群众收入不断提高。宁夏提出全域旅游发展规划，明确旅游资源开发、产业融合以及基础设施建设思路。根据乡村振兴战略、脱贫富民战略规划，宁夏各级政府积极推介泾源县二十公里旅游风景道、隆德县老巷子民俗文化村、西吉县龙王坝村等乡村文化游、六盘山山花节、庙庙湖桃花旅游节等原生态乡村旅游，同时推动六盘山长征景区、同心红军西征纪念馆、盐池县烈士纪念馆、将台堡会师纪念馆、盐池革命历史纪念馆等贫困地区农村旅游业的发展。2020 年宁夏 20 个村入围第二批全国乡村旅游重点村名录，2 个典型案例入选"世界旅游联盟旅游减贫案例 100"。固原市《将台堡红军长征会师纪念园红色旅游发展典型案例》被列入"全国红色旅游发展典型案例"，青铜峡市和平罗县入选第二批国家全域旅游示范区（宁夏地方志编审委员会、宁夏回族自治区地方志办公室编，2021：416）。新疆出台《新疆维吾尔自治区乡村旅游促进办法》《自治区旅游局精准扶贫五年行动计划》，推动乡村旅游向特色化、市场化、产业化、规模化方向发展。南疆深度贫困地区提出旅游助力扶贫行动。2017年确定有资源条件的旅游扶贫建档立卡贫困村 88 个，涉及 1850 户 8584 人。截至 2017 年底，新疆有农（牧）家乐 6000 多家，其中星级农家乐 1300 家，创建中国乡村旅游模范村 27 个，模范户 30 个，金牌农（牧）家乐 300 个（新疆维吾尔自治区地方志编纂委员会编辑，2018：199）。陕西省 2018 年出台《关于发展乡村旅游促进乡村振兴的实施意见》，评定 21 个旅游特色名镇，45 个乡村旅游示范村，开展以"乡村旅游助力乡村振兴"为主题的论坛，以及与旅游有关的生态宜居、乡风文明、治理有效、生活富裕推介区，集中宣传乡村旅游新产品和旅游扶贫新成果，乡村旅游接待游客达 2.48 亿人次（陕西年鉴编纂委员会编纂，2019：151）。2020 年，陕西延安南泥湾红色旅游发展典型案例荣列全国红色旅游发展典型案例榜单。组织乡村旅游培训班，有 11 个深度贫困县和 56 个贫困县从事乡村旅游的贫困户、旅游企业负责人、旅游扶贫带头人等共计 140 人参加。组织第十三届陕西乡村旅游展，宣传推介 10 条乡村旅游精品线路和 34 个国家乡村旅游重点村。青海省政府与国家文化和旅游部签署《支持深度贫困地区文化建设和旅游发展工作实施方案（2018—2020）》，在 8 个方面的 54 个项目获得文化和旅游部支持。2018 年发展旅游扶贫项目 50 个，培育乡村旅游创客基地 3 家（青海地方志编纂委员会编，2019：292～293）。2020 年甘肃省永靖县炳灵寺世界文化遗产旅游区正式列入国家 5A 级旅游景区名单，全省有世界文化遗产 7 处、全国重点文物保护单位 132 处；公共图书馆 103 个、文化馆 103 个、乡镇综合文化站 1228 个，乡村舞台 16865 个，各类非遗扶贫就业工坊 106 家（甘肃省地方史志办公室编，2021：345）。

第二节　乡村集市推动农村经济发展案例解析

一　农村帮扶车间

西北地区农村经济发展，政府投入是一个关键性因素，政府投入分为直接投入和间接投入两类。从政府对农村直接投入看，主要是资金投入，包括银行贷款和对农村农业发展拨付的财政补贴。政府补贴一般是通过农村一卡通直接进入农民群众的账户，银行贷款长期以来都是一个难以解决的顽症，银行作为企业以营利为目的，同时兼顾地区经济发展的社会职能。银行信贷中偿还能力问题造成发贷方和受贷方关系紧张。农民贷款难，贷款数额过小，难以扩大再生产和调整产业结构，依然是制约农业和农村发展的突出问题。从政府对农村间接投入看，近年来，随着社会发展，市场更加开放自由，农村劳动力外出务工成为普遍现象，但是农村青壮年劳动力的外出，无疑使农村留守者即老人、妇女和儿童成为支持农村发展的主要力量（李国斌，2014）。农业生产劳动力素质下降，造成农业生产经营粗放，产量下降，农村经济发展滞后。帮扶车间是政府在农村间接投入的一种形式，既能够提供就近就业岗位，也能够进行人力资本培训，还能够为农村留住部分劳动力。

帮扶车间是产业发展与农村闲置劳动力结合的一种新模式。一方面，在乡镇集市周边建设帮扶车间，这是由于西北地区许多自然村落镶嵌在大山深处的沟壑里，村庄人口较少，户数更少，农村基础设施落后，交通条件十分不便利，乡村公路狭窄且崎岖不平，有些地方只能人牵着牲口前进，遇到特殊情况不得不紧紧贴在一起度过险情。

案例 2 - 1　帮扶车间

帮扶车间 A：红寺堡区帮扶车间

宁夏红寺堡区截至 2020 年共有帮扶车间 14 家，解决农村劳动力就业 907 人，人均年增收 2 万多元，主要从事服饰加工、纸箱制造、吨袋加工、民间刺绣等劳动密集型行业。企业使用帮扶车间租赁费用较低，可以享受培训和误工补贴以及其他地方性政策补贴。帮扶车间分为两种类型：一是政府投资建设，吸引企业入驻，解决群众就近就业难题。例如，红寺堡区政府在劳动力密集的移民村兴建帮扶车间，吸引宁夏弘德福利制衣厂、宁夏鸿诚纺织品有限公司、宁夏东成服饰有限公司等企业入驻生产。二是企业自主投资，政府按照程序认定。例如，宁夏东腾服饰有限公司、红寺堡区残疾人综合服务中心、菊花台村雪洋服饰自筹资金兴建帮扶车间，吸纳建档立卡户务工，带动群众脱贫致富，获得政府认定。

帮扶车间 B：东乡县帮扶车间

甘肃东乡县帮扶车间包括招商引企兴建、东西协作援建、闲置公共设施改建、农民群众小作坊升级扩建等形式，截至2019 年 6 月，已经实现 24 个乡镇贫困村全覆盖，带动 740 多名妇女就业，计件工资，每月人均收入在 2500～3000 元。帮扶车间生产加工东乡洋芋、炸油馃馃、雨具、地毯等特色产品，采用灵活多样的生产形式，例如"家庭式车间"，允许群众把货物带回家中"居家式"加工生产，按件计薪，同时接受群众自己生产的货物在帮扶车间包装统一销售。

另一方面，在农村广场建设帮扶车间，实现了群众就地就近就业，特别是有利于农村妇女以及年龄较大的劳动力就业。帮扶车间带有公益性质，为农村经济发展输送了动力源，尽管工人从事相对低层次的工作，但时间灵活性强，例如，妇女工人早上在帮扶车间工作，中午可以回家做饭，照顾上学的孩子和年迈的老人。

帮扶车间 C：彭阳县帮扶车间

宁夏彭阳县古城镇皇甫村艾蒿产品加工帮扶车间于 2019

年 12 月建成，位于村广场旁边，总投资 352.7 万元，加工车间 184.2 平方米，初加工车间 700 平方米，展厅 121.8 平方米，企业入驻首年免租、次年半租，之后每年租金 10 万元，作为该村集体经济收入。该帮扶车间采用"企业＋村集体合作社＋农户"方式，吸引宁夏煌甫谧艾益康产业有限公司和弘艾坊（宁夏）健康产业有限公司联合经营，研发产品 20 多种，年产值 7000 万元，带动种植艾草 1670 亩，提供就业岗位 48 个，其中建档立卡户就业 14 人。

帮扶车间 D：镇安县帮扶车间

陕西镇安县茅坪镇建立帮扶车间，带动更多的群众在家门口实现就业。其中，五星村帮扶车间由镇安县力鹏农副产品专业合作社承办，通过政府引领，根据地方资源禀赋结构，以市场需求为导向，延伸产业发展。帮扶车间经营香蕉产业，集种植、加工、销售于一体，同时对薯类制品进行加工销售，共吸纳贫困户 40 余名，不仅达到让在家留守的贫困劳动力"就近就业、稳定就业"，增加了收入，而且达到"扶志扶智"的效果。

从调研材料看，帮扶车间均为政府兴建，主要有三种类型。一是"企业＋车间＋农户"型，这类帮扶车间由政府整合各类乡村振兴资金兴建厂房，通过减免租金等优惠政策引进技术含量低的劳动密集型企业，以便招聘更多当地农村劳动力就业，例如红寺堡区的帮扶车间，引进的企业主要生产校服、雨具、毛衣等。二是"公司＋基地＋农户"型，这类帮扶车间的厂房也是政府投资兴建，以引进农牧企业为主，企业可以根据需要扩建生产基地，他们利用从农民手中流转来的土地，种植药材并且生产加工销售，或者饲养牛羊等牲畜，同时种植玉米作为饲养草料，这些企业都会解决一定数量的农村劳动力就业，例如彭阳县艾蒿加工帮扶车间，既有药材种植基地，也收购农户种植的药材，还招聘当地农民在企业务工。三是

"合作社＋农户"型，这类帮扶车间不引进外地企业，而是当地乡村精英、乡村能人自发联合成立合作社，再吸引农户加盟，他们使用政府兴建的厂房，同样能够享受补贴政策，生产、加工、销售当地特色农副产品，例如镇安县茅坪镇建立的帮扶车间。事实上，帮扶车间作为新型帮扶农村发展、农民致富的模式，一方面能够降低企业生产成本、用工成本较高的问题，另一方面可以解决农村劳动力就业问题，从而达到双赢的目的，然而帮扶车间初建并不顺利。宁夏固原市扶贫办副主任 NZR 讲述："帮扶车间是个新鲜东西，刚开始群众不接受，费了好大的劲，向群众讲清它的好处，带群众参观运营的模式，让群众体验劳动过程，增强群众信心。"

社会资本进入农村可以增加农民收入。在国家惠农政策的引导下，企业在农村投资设厂，社会资本进入农村，吸纳农村劳动力就业，提高群众的收入，逐渐改变群众的思想观念，成为促进农村经济增长的新动力。甘肃省东乡县布楞沟流域食品发展联盟帮扶车间创建人、东乡族姑娘 GDX 认为："这里传统观念强，妇女不愿工作，最初招工，报名的人很少，如今妇女挣上钱，观念变了，也自信了。"甘肃省东乡县妇女 GMN 说："真没想到家里做的油馃馃能卖到兰州的大超市，只要肯干，日子就一天比一天好，心里就敞亮，两口子吵架也少了，好日子有奔头了。"

二　农村夜市经济

"夜间经济"概念始于 20 世纪 70 年代的英国。"夜间经济"是白昼经济的延伸，代表着一种现代化的消费方式。2019 年 8 月，国务院办公厅印发的《关于进一步激发文化和旅游消费潜力的意见》提出发展"夜间经济"，同年 12 月，"夜经济"入选国家语言资源监测与研究中心"2019 年中国媒体十大新词语"。"夜市经济"是夜间经济的一部分，在西北地区成为促进消费、刺激农村经济发展、增加群众收入的有力渠道。

案例2-2 红火的乡镇夜市

新疆沙雅县红旗镇塔勒克村位于交通十字路口,具有天然独特的地理优势:一是古再勒村、萨依库都克村去镇里必须经过,二是奥依鲁克村、巴格宛村、阿热买里村与该村相邻。2018年初政府决定修建集市,引导村民集中到集市做生意来促进增收,并通过两步走实现发展目标:第一步是开办夜市,让村民尝到增收的甜头;第二步是通过经济收益改变观念,让村民自主创业。

驻村工作队队长XZC说:"修建集市也是为村民拓宽致富门路。夜市刚搞的时候没人愿意,驻村工作队和乡镇干部尽力动员村广场旁边的餐馆老板在白天营业的基础上开办夜市,鼓励他们接收低收入村民就业。"

在夜市打工的村民NBH说:"夜市人多得很,等我攒够本钱,也弄个摊位干干,争取早日过上好日子。"

"夜市经济"提供了一个无门槛的平台,在国家鼓励文化消费和接地气的夜市经济意见出台后,夜市经济展演出一种生活感、市场感、存在感(黄琴,2021),夜市经济活动属于小额消费,给个体创业者提供了良好契机,所需资金成本低,只需要选定摊位,购置货物、食材,加上辛勤劳动,就能成为一个夜市中的淘金者。红旗镇夜市的经营户ML说:"政府驻村工作队帮助我选择夜市场地、订桌椅、搞彩灯,也带我到县里的夜市学习咋做菜、咋卖,现在每天晚上能卖1000多块钱,我想着要带村里的其他农户做,大家一起致富。"

文化与夜市经济之间互为动力互为条件,文化嵌入夜市经济,并为夜市经济提供导向。例如,新疆夜市经济融入了新疆各民族歌舞,同时将当地饮食文化如烤肉作为地标性文化、公共文化、差异文化、旅游文化、草根文化等嵌入,助燃夜市经济发展(宗传宏、刘佼,2020)。夜市经济拉动消费,创造更多的就业和创业机会,提供广阔多样的提升空间，成为乡村振兴的新动能。

案例2-3 热闹的县城

夏日的和田夜市每逢夜幕降临便灯火通明，载歌载舞，热闹非凡，商贩的吆喝声此起彼伏，夜市的食品种类繁多，有烤鸵鸟蛋、烤鹅蛋、烤全羊、烤包子、拉面、面肺子、红柳烤大块羊肉串等，客流熙熙攘攘，有外地游客，也有周边乡镇的群众。

商户WD说："我做烤鹅蛋十来年了，别看小小的蛋，每天能卖2000多块钱，今年从别的夜市学习了新技法，鹅蛋里面放鸽子蛋和蜂蜜，香甜可口，价格高一点，不过客人很喜欢。"

商户SLM说："我在夜市上开了家拉面馆，半年多挣了3万多元，生意不错，今年是收获的一年。"

西北偏远地区经济、社会、文化发展缓慢，是乡村振兴的主战场，夜市经济带动农村发展既是机遇也是挑战：从机遇方面看，夜市经济的发展能够带来资源的优化配置，促进农村经济发展；从挑战方面看，偏远地区也是基础设施最薄弱的地区，市场调配资源促进农村发展的可持续性有待观察，夜市经济的发展需要青年人赋能，而随着农村青年人才逐渐离开农村，在资本深度介入的农村，小规模的地摊或露天经营可能受到现代化夜间商业圈的冲击。

三 农村旅游经济

随着乡村振兴的不断推进，交通运输条件逐渐改善，现代传媒技术得以推广应用，农村社会逐渐从封闭走向开放，各种信息资源、市场资本进入农村，开发农村旅游资源，发展乡村旅游。乡村旅游带动乡村振兴是指农村地区依托自然资源和人文资源发展旅游业，吸引游客旅游促进消费，带动农村经济发展，再加上政府政策制度支持和企业投资开发，帮助群众参与乡村旅游产业，如民俗、农家乐、销售特色纪念品等，走上致富之路。西北民族地区乡村集市本身就是一种特殊的乡村旅游资源，同时也有利于带动乡村其他旅游资源的发展，形成的模式有"景点＋合作社＋农户"模式、"景区＋企业＋农户"模式、"节庆活动＋旅游＋农户"模式等。

案例 2－4　土族民间文旅

青海省互助县土族纳顿文化旅游开发有限公司坐落在互助县威远镇，通过发展土族盘绣（民间美术）、土族安召（民间舞蹈）、土族婚礼（民俗）、轮子秋（竞技与杂技）、土族服饰（民俗）等国家非物质文化遗产，挖掘古老的青稞酩馏酒文化（传统手工技艺）、土族圈圈席（饮食文化）、宴席曲（民间音乐）、二月二擂台庙会（民俗），每年接待大量中外游客，与全省以及周边省区 260 多家企业开展业务，每年上缴税收 100 多万元。以"公司＋农户"的形式开发土族特产，促进灵活就业，带动群众利用自己的特长进行盘绣、刺绣、手工艺制作和特色农作物种植，增加群众收入。

案例 2－5　民俗旅游集市

龙王坝村位于宁夏西吉县吉强镇，在红色旅游圣地六盘山脚下，入选第一批全国乡村旅游重点村、全国生态文化村、中国最美休闲乡村、宁夏特色旅游村镇等。龙王坝村曾经是干旱少雨、荒凉偏僻的小村庄，2013 年，在地方政府帮助下，成立心雨林下产业专业合作社，积极利用闽宁协作资源，依托火石寨国家地质公园、战国秦长城、将台堡革命旧址、党家岔震湖等优质资源，挖掘当地各类资源，发展梯田景观、高山观光温室果蔬园、窑洞宾馆、民宿一条街，再加上龙王庙寺庙群及保存完好的古城堡，打造红色旅游和生态旅游乡村。吸引大量外地游客观景，带动住宿、餐饮、民间小商品买卖，形成热闹的旅游集市，促进农村经济发展，2018 年村民人均可支配收入达到 9600 元以上，彻底改变了贫困落后的面貌。

从以上案例可以看出，乡村旅游既包括景点、景区，也包括节庆活动，有些是利用传统的民族民俗文化资源，如土族盘绣、青稞酩馏酒等，有些是开发传统农业资源，如一望无际的油菜花地、青稞地、黄花菜地，有些本身拥有区域优美的自然风光，如宁夏西吉县火石寨、甘肃永登县丹霞地貌等，乡村旅游能够满足人们崇尚自然、亲近自然，到大自然中体验田园生活的享受，游客消费能够带动农村发展。

乡村旅游是提高群众收入和生活品质的重要途径，做好顶层设计成为关键，西北地区乡村旅游如何发展呢？首先，政府是乡村旅游开发的主体，应根据发展乡村旅游的需要制定发展规划，保护环境和资源不被破坏，协调政府、企业和农民群众的利益关系，动员农民群众参与乡村旅游，例如，甘肃甘南州通过农民"三变"改革将土地入股，鼓励农民发展乡村旅游等。其次，企业是乡村旅游的开发者。政府既要维护企业的利益，又要注意地方特色、历史文化、民族民俗的有机融入。最后，农民群众是乡村旅游受益的主角。切实提高农民群众特别是低收入群众生活质量是根本目的。

案例 2 – 6 世界旅游扶贫典范

甘肃甘南州旅游扶贫模式入围《世界旅游联盟旅游减贫案例 2018》，形成具有甘南特色的旅游脱贫之路，拓宽农牧民群众增收渠道。具体做法：从途径看，实行农村"三变"改革，即农村资源变资产、资金变股金、农民变股东；从方式看，有党建引领型、能人带动型、"公司 + 农牧户"、"旅游协会 + 农牧民"、"政府 + 公司 + 旅游协会"等；从产品看，将牦牛、藏羊、蕨麻猪、山珍野菜、青稞酒等原生态农副产品开发销售；从典型村看，有合作市地瑞村、夏河县香告村、临潭县业仁村、迭部县谢谢寺村等红色旅游型、生态体验型、休闲度假型、民俗文化型、特色产业型生态文明小康村 1000 个，旅游专业村 186 个，旅游模范村 2 个，旅游示范村 17 个。截至 2018 年底，旅游直接从业人员达 17300 人以上。

目前，从农民个体投入乡村旅游看，农民群众受到资金短缺的限制，农民群众收入低，并且大多数农民群众没有资金积累，少部分农民群众有一点积蓄，也不敢用来投资，担心投资失败导致生活没有着落，因此农民群众通过投资来改善生活和生产条件的动力相对不足。农民群众也受到投资动力和投资技术的限制，没有超前消费的意识或习惯，他们虽然生活困难，可是同村或周边群众的生活境况基本相同，横向比较来看，农民缺乏竞争的压力。从农村集体组织投资乡村旅游看，偏远地区农村集体组织发展不健全，有的集体组织结构涣散，处于瘫痪、半瘫痪状态，多年没有经营业务而且经济实力极为薄弱，基本丧失投资乡村旅游发展的实力。因此，就乡村旅游带动乡村振兴而言，吸收农民群众参与乡村旅游开发和经营过程甚为关键。

四 农村临时集市

一是乡村集市促进农村"季节性市场"发展。西北地区农村经济结构调整，需要调动农民群众的生产积极性，促进农村生产力发展。农业科学技术的推广应用，国家支持农业畜牧业发展，对农民群众进行技能培训和农村剩余劳动力转移就业培训，都能够促进农村发展经济结构的改变。农村税费改革，切实减轻农民负担，处理好与农民的关系，是增加农民收入、调动农民积极性的重要措施。以市场为取向的改革，可以为农村经济注入新的活力。近年来，农村经济发展的市场意识更加强烈，农村的生产经营活动已经逐步市场化，由市场经济的市场机制、价值规律来优化配置农业各种资源（高艳婷，2017），应根据地方资源禀赋结构，推动发展特色种植业，提高群众的经济收入水平。

案例 2 – 7　季节性集市

宁夏中宁县喊叫水乡硒砂瓜市场于 2016 年在 109 国道旁建成，喊叫水乡气候环境独特，硒砂瓜品质好，每年硒砂瓜成熟季节，瓜市极为繁荣，每天零售交易额达 80 多万元，硒砂瓜销往北京、上海、广州、西安以及附近城市。

农村经济发展向更高质量迈进后，有些群众开始在乡村集市上以经营者的身份出现。宁夏"中卫硒砂瓜"是中卫市开发的特色产业，2019 年入选中国农业品牌目录，中宁县喊叫水乡喊叫水村村干部 HCG 说："农民种植硒砂瓜苦了些，但每年收入可观呀，有的家庭收入十几万元，有的家庭收入几十万元，早已脱贫，很多家庭在县城买了楼房，孩子都在县城上学。"喊叫水乡季节性集市的发展，推动了以运输为主的第三产业发展，有群众成立了运输合作社、生产合作社、销售合作社，这些企业经营活动灵活多样，吸引更多的农村剩余劳动力转移就业，对农村经济发展的带动作用较为明显。

二是乡村集市促进农村"合作社＋经济"发展。在乡村振兴战略背景下，农村经济发展速度加快且增长点越来越多。从农业方面看，农业科技和信息技术应用广泛，粮食作物种植面积相对减少，经济作物以及经济效益比较高的小杂粮种植面积增多。从林草业方面看，退耕还林还草工程取得实质性进展，生态保护效益明显，经果林种植面积有所扩大，林下经济发展迅速，农民群众从林业种植中获得一定的经济收益。从畜牧业看，饲草料种植面积扩大，带动畜牧业发展，畜牧业从传统的散养繁殖逐步向圈养育肥转变，经济效益更加明显，农民获得经济收益的门类趋于多元，乡村集市推动农村市场向现代化方向发展。

案例 2 – 8　藏药材集市

青海省湟中区将传统种植业与建立销售市场结合，解决发展问题。政府鼓励专业合作社、种植大户带动群众流转撂荒地和退耕地种植中藏药材，2017 年当地种植中藏药材达 2.2 万亩，辐射带动低收入群众 550 户，实现销售收入 1.21 亿元，并在多巴镇建成全省首个集药材收购、加工、销售等于一体的产业示范园，加大政策优惠扶持力度，吸引青海羌戎药业有限公司等 16 家规模较大、综合实力较强的专业合作社入驻示范园。同年园区收购各类药材 1800 余吨，加工当归、黄芪等药材 200 多吨，帮助 1200 余人实现增收。

案例 2 - 9 核桃批发集市

新疆和田县巴格其镇核桃批发交易市场年交易核桃 35 万吨，它采用电子交易结算方式，收购商（合作社）必须提前开设账户并预存资金，农民交售核桃后凭借收购商开的结算单据在结算窗口领取货款，从而避免货款拖欠问题，核桃的价格也高于商贩们到地头收购的价格，这就是政府构建的惠农收购网的缩影。从运作方式看，新疆果业集团提供农产品统一标准化加工、仓储、销售、第三方支付等服务，在农村支持和培育农民经纪人和农民专业合作社，引导贫困户参与到产供销等产业链各环节。截至 2018 年底，该企业已领办合作社 30 多家，发展农民会员 3000 多人，培育农民经纪人 1000 多人，带动农户 10 万多人。

WLR 销售完核桃拿到现金，竖起大拇指高兴地说："巴扎亚克西！"

农村经济发展与乡村集市发展相互促进、相互作用，西北地区农村经济由自给自足的经济形态逐步向商品经济转变，带动乡村集市的发展并促进经济贸易更加繁荣，反过来乡村集市的发展又会刺激农村经济的增长，农民群众通过发展经济获取收益的积极性更高，农村经济由单一的种植业逐渐转变为多种经济形式。同时，农村集体产权制度改革、农村土地流转经营等成为农村经济发展、农民增收新的增长点，单一的经济结构也变成了一体化经营的复合经济结构。

三是乡村集市促进"特色产品＋经济"发展。国家在确保粮食安全的基础上，推进特色农产品和设施农业提质增效，积极推进优势农产品向优势产区聚集，西北贫困地区产业结构从单一形态逐步向多元形态变化，逐步突破农业以粮为主的格局，促进农、林、牧、渔各业全面发展，形成新疆棉花、蔗糖、瓜果产区，宁夏枸杞、马铃薯、硒砂瓜产区，青海牦牛、藏羊、青稞、饲草产区，甘肃小麦、玉米、苹果、花椒产区，陕西小麦、蔬菜产区。农业结构的深入调整，带动了农村产业结构升级和就业结构变革，第一产业促进第二产业的农产品深加工，带动第三产业如农村休闲旅游业的发展，农业生产由单纯的种养业向贸工农一体化发展，一二三产业融合发展，推进农村经济增长。

案例 2 – 10 大馕经济

新疆"库车大馕"是省级非物质文化遗产，2014 年，库车县投资建成了库车大馕城，由馕品制作区、馕品体验区、特色小吃区、手工艺品展销区、馕文化展示馆五部分组成，共有门店 72 间，并且根据"一镇一品"模式制作出核桃仁馕、鹰嘴豆馕、红枣馕、玫瑰花馕等 40 多个馕品种，依托"库车大馕"品牌，统一进行包装、宣传和销售。2018 年，库车大馕城与扶贫工作相结合，创建了打馕培训基地，以贫困户打馕培训就业为主，通过师傅带徒弟的形式培养打馕人才，依托打馕技术创业，吸收学徒达 35 人，通过培训，有 8 人回乡开起了打馕"卫星店"。同年 6 月，阿拉哈格镇由政府组织、企业出资建起打馕专业合作社，为全镇 28 户有打馕技术的农户统一建起馕坑，形成馕生产一条街的经营模式，产品除了供应库车及周边县市外，还发往乌鲁木齐及全国各地。

根据以上案例，可以看出西北地区通过深化改革来改善农村经济增长的制度环境。根据当地经济发展的特点，制定生产、经营、销售等各领域优惠措施。加大补贴力度，并完善农牧产品、民间手工艺品流通体制，通过政府担保拓展社会资金投资农业的渠道，使农村经济发展拥有一个活跃的空间。政府采取特殊预算政策为农村经济发展提供资金保证，加大财政转移支付和专项资金支持力度，建立稳定持续的财政支农投入机制、农民群众创业就业培训机制，提高农民群众的发展能力，例如，新疆库车县对农民群众的打馕培训，青海省循化县拉面操作培训等。

与乡村振兴相关的支农、富农政策，有的贯彻执行落实到位，产生良好的经济效益和社会效益，有的则需要进一步加大支持力度，提高涉农专项资金的使用效率，使政策落地生根并保护农民的切身利益，促进农村经济快速发展（刘宏霞、贾琼、谢宗棠，2016）。在此过程中，政府不断完善社会力量帮扶农村发展的机制，建立了多元化的农村资金来源体制。

案例 2 - 11　大山深处的村头集市

新疆疏勒县塔尔其乡塔尔其村四面环山，以种植小麦和玉米为主，一条乡村小路联通外界。工商银行新疆分行帮扶投资新建了占地 600 多平方米的集市小广场和门面房，村里低收入群众认领经营，形成简易的村头集市，结束了村民必须到 10 公里之外的乡镇买生活用品的历史，为当地村民致富打开了大门，也为周边各村群众的生活提供了更多便利。

西北地区金融机构除了直接投资助推乡村振兴外，还充分发挥农业银行、农村信用社、建设银行等金融机构的作用，这些金融机构通过将信贷资金向农村和农业倾斜，增加中长期贷款低息和贴息的比重，做到真正为"三农"服务。同时，加大集市的商贸投入力度，通过资金补贴深化农产品价格改革，以此不断增加农民收入，促进农村经济的持续发展。

第三节　乡村集市推动农村经济发展的因素分析

一　资源禀赋因素

西北地区特别是偏远地区由于地理条件的限制,道路狭窄且崎岖蜿蜒,有许多地方是羊肠小道,在某种程度上限制了乡村旅游的发展。山坡陡峭,山地山脉贫瘠,河流少,水库少,蓄水能力弱等,导致农业生产成本难以降低。例如,新疆策勒县虽有季节性河流九条,但均为独立水系,冬天基本干枯,夏天主要是昆仑山积雪融水,虽然流量大但不易存储,只能短期灌溉。再加上近年来随着气候变暖,降雪量、降雪覆盖区域面积及覆盖厚度逐年减少,造成河道来水逐年减少,春季干旱突出,农业灌溉缺水。地理环境复杂,虽然土地广袤,但是山地多平原少,可以用来耕作的土地相对较少,大多数耕地属山地、坡地、小谷地、高原地,在耕作过程中耗时费力。数量少的一部分相对高产地,面积却在逐年减少,一方面,由于粮食价格不高,粮食作物种植面积明显减少,出现经济作物挤占高产粮食作物种植面积的情况,如果遇到经济作物市场变化,土地可能会被撂荒;另一方面,非农业建设占用耕地的现象有增无减(宋文周、王丁宏,1996)。此外,山区群众信息闭塞,电视、广播是他们了解外界信息的重要窗口,也是闲暇时节满足精神生活的重要途径。农村经济社会现代化在贫困山区需要走的路还很长,农村群众的生活水平得不到有效的提高,客观上阻碍了农村经济发展(翟璠,2015)。农民群众受教育水平低,对于信息设备的使用不能熟练掌握,尤其是电脑的使用率不高,他们在帮扶车间主要从事农副产品初加工、产品包装、服装加工等工作。

西北地区气候干燥,风沙大,降雨量少,生态环境较为脆弱,发展乡村旅游的季节性强,开发全年旅游的成本又太高。生态环境失衡，低温缺水，灾害频繁，农业生产中所必须具备的光、热、水、气、土五大基本要素配比失衡，农业生产发展的环境条件不佳。虽然有些地方光照较为充足，但是水资源缺乏，干旱频发，作物枯死，有些地方甚至发生严重的人畜饮水困难，如宁夏南部山区、甘肃定西地区。如果突降大雨，容易发生泥石流或山体滑坡。生态环境遭到严重破坏，草场退化，森林覆盖率降低，水土流失严重，出现了土地沙漠化和耕地盐碱化现象，导致农业生产水平下降。西北地区农村大多数地处山区，农民居住与生存环境相对恶劣，"赶集"要翻山越岭。农民群众"靠天吃饭"，农业生产经营方式粗放，农村工业企业发展缓慢，很少将农牧产品加工增值（李国斌，2014）。

近年来，在国家一系列惠农政策的支持下，西北地区农村交通条件、农田水利设施等基础设施和公共服务虽然得到了不断改善，但是基本还处于初级层次，导致集市商贸对周边村镇发展的带动作用有限。农村地区经济发展水平虽然整体上呈现增长态势，但是农村经济整体增长幅度小，发展缓慢。一方面，西北地区各省（区）每年的财政收入有限，主要依靠中央财政转移支付或专项基金发展地方经济，用于农村经济发展的资金相对较少，严重制约了农村经济发展；另一方面，多年来农村经济结构不合理，第一产业比重大，第二产业、第三产业发展缓慢，制约了农村经济发展。横向比较中部地区、经济高速发展的沿海地区，西北地区经济结构的优化还有很大空间。农村集体经济基础薄弱，许多农村集体经济几乎为零，严重阻碍了农村经济的快速发展。薄弱的农村集体经济基础，导致村委会、村党支部带领农民群众发展农村经济的经济实力不足，为农民群众提供多种服务的能力缺失，村集体凝聚力、向心力相对较差，给农村地区社会带来很多不和谐因素，从而制约农村经济持续、健康、稳定发展。

二　产业结构因素

农村种植技术简单，西北地区山地多塬地少，平坦的耕地更少，因此，农业生产以传统的人畜种植为主，农业机械化程度低，农业用水以自然降雨为主，能够进行堤坝水灌溉的农田数量有限。农业产业化进程慢，劳动效率低，严重地阻碍了农村经济的发展。农业生产力水平低，制约了农业向商品化、产业化发展。走农业产业化道路，必须提高农业科技含量和农业生产现代化水平（陈强、慕乔，1999）。

农村种植结构简单，农民群众收入来源单一。从务工情况看，一方面，男性劳动力农业耕作之余外出务工，女性劳动力在家从事农业耕作兼照顾老人和孩子；另一方面，有些家庭是老人在家务农并照顾小孩，年轻子女外出务工。从种植业看，农业产业结构单一，主要种植粮食作物，如小麦、青稞、大豆、蚕豆、玉米、小杂粮等，并且粮食产量较低。高产农作物和经济作物较少，农产品收入大部分用来满足家庭的生活需要，少部分用来补贴家用。从养殖业看，农村饲养牛、羊、马、驴等牲畜，以及鸡、鸭、鹅等家禽，饲养规模小并且周期长，经济效益不甚明显。近年来，在乡村振兴政策支持下，农民家庭饲养牲畜数量有所增加，但因饲养成本高，很难扩大规模，阻碍了农村的经济发展，影响了农民群众生活水平的提高。

农产品市场竞争力弱，农产品种植缺水、耕作粗放、科技含量低，导致产品质量不高，在集市上农产品交易价格不高，甚至处于滞销状态。在市场经济大环境下，西北地区需要调整产业结构，增加农产品科技投入，提高农产品产能和质量，增强农副产品在市场上的竞争力，才能提高产品价格，增加农民群众的收入。只有农民将农产品从自给自足阶段向市场化阶段转变，才能带动农村经济的发展和繁荣。同时，农民群众也缺乏对土地最大限度开发利用的认知能力，有些农民没有在优质耕地上种植高产经济作物，而是改成果园、瓜园、鱼塘等，然而这些经济类副产品缺乏科技含量，质量低下，价格不高，对农村经济发展带动作用有限。

三　农业科技因素

西北地区科技创新能力不足。农村经济增长的动力是科技创新与进步，这也是农村经济持续发展的必然条件。科技创新能力不足的原因是多方面的：政府和企业对科技创新投入不足，农业科技投入远不能满足农业发展需要。企业以营利为目的，投资农业科技见效慢，资金回笼困难。农业科技产出是一个渐进的过程，例如，新品种子的改良、动物优良种的杂交实验等，都要一个漫长的过程。科技资源配置在体制机制上缺乏活力。如果政府激励企业和社会力量投资农村科技发展的政策措施不完善，就会弱化他们投资农业科技的积极性。农业产业与高等学校教育以及科学研究结合不紧密，农业科技成果转化成生产力缓慢，特别是高等院校农科专业设计跟不上农业现代化发展，农业科学研究机构关注的方向与农民急切需要的东西联系不紧密。农业科技推广人员数量相对不足，发达国家农业科技推广人员占农业生产人员的百分之一，而我国为一千两百分之一（马丽，2009），西北地区更低。自然环境恶劣，经济社会发展水平滞后，农业科技推广人员薪资较低，致使人才向发达地区流失严重，进一步导致农业科技含量较低。

农业科技推广困难。农村经济发展水平与农业科学技术之间是相辅相成的，一方面，农村信息技术发展缓慢，农民群众的认知程度较为有限，不愿接受外界的新鲜事物，导致农业科学技术落后，很难推动当地农村经济发展。从整体性视角看，农业科学技术落后，造成农牧产品质量较差，在市场上缺乏竞争力，价格偏低，农民群众的收入自然就少。再加上农民群众的文化程度不高，还有一部分农民群众处于文盲半文盲状态，多年来形成的观念很难改变，致使科技兴农、人才强农更加困难。例如，新疆策勒县群山环绕，地理位置偏僻，农牧民群众与外界接触少，风俗习惯和生活方式较为保守，接受新事物的能力较低，农业科技推广较为困难（阿日孜古丽·玉怒斯，2012）。另一方面，农村接受过高等教育或高职教育的青年、拥有专业技能的农民群众流向东南沿海发达地区寻求发展，更加削弱了农村的劳动力素质，土地粗放经营使规模效益低下，有些农村地区干旱缺雨土地荒芜，技术含量高的农作物推广成本高进展缓慢，农产品的质量达不到市场要求，产量也难以提高（赵栓文，2001）。群众对科技发展改变生活质量的认识存在误区，导致农业科学技术在西北贫困地区农村没有充分发挥的平台，广泛推广和应用就更加困难，农业一直处于传统的耕作状态，农村经济发展滞后。

农业科技市场体系不完善。健全的农业科技体系是驱动农村农业发展的有力因素，西北贫困地区缺乏支持农业高新技术产业和企业发展的完善的资本市场体系。农业技术脱离生产实际，不被市场认可，不能投入使用，难以产生经济效益。农业技术的成熟度低，在一些地方可以应用，换到别的地方基本没有价值，距离全面推广应用还有相当距离，不能直接进入生产领域。农业高效灌溉设施、农业高空整体作业设施等农业科技发展的配套基础设施匮乏，致使复杂的农业技术得不到实际应用。

四　市场体系因素

农村市场体系不健全。农村生产的主要单位是一家一户的分散经营，虽然市场经济对西北地区农村经济的发展起到催化作用，但是市场规模偏小、市场分散等问题依然存在。一是市场规模小，货物交易量有限，市场辐射范围小，农村地区县城集市、乡镇集市、十字路口集市、村头集市是主要的交易地点。市场上主要销售农牧民剩余的农副产品，品种和数量有限，由于农民居住分散，市场能够辐射到的人数不多。二是市场分散，集市大多位于乡镇行政机构所在地，但西北地区人口稀少，有的乡镇面积很大，却仅有一两万人，甚至几千人。集市分散的结果是交易零散，增加了商品的集中汇总成本。三是市场体系建设滞后，市场信息功能、吞吐能力、调剂能力低下，导致农牧产品不能及时流通，不能与终端消费者见面。例如，陕西礼泉的"红星"苹果，华县的杏，宁夏中卫的硒砂瓜，新疆南疆的干果等，这些具有竞争力的产品不能及时运往缺少此类产品的沿海省份。同时，农业投入品的价格上涨幅度较大，增加了生产成本，缺乏必要的农产品深加工，造成农牧产品价格低，经济效益较低。

地区农产品流通体系不健全。一是缺乏结构体系完善的大型综合性市场。乡村集市占据大量市场份额，致使产业集中度不高，产销融合不够，大量农产品存在季节性卖难问题，特别是遇到丰收年份，主要通过散户运输，压价和运输不规范的情况屡见不鲜，遇到特殊天气，农产品滞销成为一个严重的问题。二是缺乏知名品牌、高端市场和优势龙头企业对农产品的引领，不能通过健全的流通体系及时将农产品运往消费者手中，不能在产出地形成规模养殖或规模种植。农业产业化进程慢、利益联结机制不稳定，西北地区在全国有影响力的农业品牌少，即使有几个口碑好的产品，也存在产量小、推广度不够等问题。三是农业生产的品种和数量不能随着市场的变化而变化，农产品流通体系不健全，没有形成市场引导农民调整种植结构的理想状况，不能根据消费市场结构调整种植结构，没有形成市场需要什么农民就种植什么，市场需要多少农民就生产多少的连锁机制。此外，农业结构和农村经济结构的变化，一方面随着劳动者、劳动资料、劳动对象等生产要素的变化而变化，生产整体水平是由生产要素的最低水平决定的，而不是由生产要素的最高水平决定的；另一方面随着资金投入、科技含量、政策制度环境、资源禀赋等要素的质量水平高低以及诸要素之间的协调组合程度而变化（杨国涛、马艳艳，2004）。流通环节是产品最终产生经济效益的关键，随着经济社会发展，消费市场结构趋向多元化，消费者更加重视产品的质量和新鲜度，这是完善流通体系的原因所在。

第四节　乡村集市推动农村经济发展的路径选择

一　以集市为载体建设农村商贸环境

西北地区应加强生态建设，促进农村经济发展与生态环境建设协调发展。一方面，坚持生态效益与经济效益双赢，实施人工造林和荒山自然修复，扩大植被面积，优化乡村集市周边环境，吸引社会资本投资，发展"夜市经济"，促进群众增收。同时，坚决禁止以改造荒山之名，破坏原有生态系统，更不允许砍去原生树种获取经济利益，再种植常青树木，导致树种单一。在林地中种植耐旱、保土、保水、固沙的中草药或优质牧草，发展林中经济和畜牧产业，从而提高农民群众的生活水平和生态环境质量。例如，六盘山区地貌类型多样，山地、黄土丘陵、河谷川地呈带状交错分布，属暖湿带半湿润区向半干旱区过渡的边缘地带，是黄河支流清水河、泾河和葫芦河的发源地，具有涵养水源、保持水土、调节气候、保护生物多样性等生态功能，是阻挡经由阿拉善高原和河西走廊北部向东、南扩展的沙尘暴的最后一道屏障。六盘山区宁夏隆德县政府组织农民在林地种植当归、黄芪等中草药，农民群众通过挖取中草药获得一定的经济收益。另一方面，以绿色发展理念为导向，提高对生态文明价值观的认识，突出绿色基调、彰显生态特色，大力发展生态农业、休闲农业、乡村旅游等绿色产业，构建科技含量高、环境污染小、资源消耗低的产业体系，逐步扭转粗放型、低效益种养局面（赵卓娟，2017）。例如，青海省按照"保、治、退、管"的思路，保护天然林资源和自然保护区，开展封山育林、休牧育草等，加强黄河上游东部农业区的水土流失治理，推进现代化草原畜牧业，用高效畜牧业换取草场休养生息，努力达到草畜平衡。

加强生态建设，实现经济发展与生态保护平衡。农村经济发展必须贯彻生产发展、生活富裕、环境优美的要求，坚持经济发展与生态保护平衡的核心思想，既要发展农村经济，使农民群众的生活水平不断提高，又要在发展中最大限度地保护和建设好生态环境，实现人与自然的和谐发展。一方面，发展循环农业，建设生态型农村。例如，甘肃省临夏回族自治州和政县发展循环经济，形成融"饲草料种植＋肉牛繁育＋废弃物发电＋有机肥加工＋绿色无公害蔬菜种植、存贮"为一体的发展模式。调整产业结构，提高土地利用率和产出率，种植抗旱强、生长快的饲草料，建立双低油菜高产基地，促进农民收入倍增。另一方面，建立生态补偿机制。西北地区很大一部分位于水源涵养地，是国家生态屏障，如六盘山地区、三江源地区等。建立生态补偿机制是构建西部生态屏障的核心与关键，生态资源发挥着重要的栖息地、过滤、屏蔽、保护生物多样性等生态功能，同时还具有维护生态平衡、美化环境、促使人体健康等价值。实现人与自然和谐发展，客观要求我们改善生态环境，防止水土流失和山体滑坡，调节气候环境，吸引投资，促进农村地区经济社会发展。西北地区退耕、禁牧等政策的运行，改变了农民原有的生活模式，导致生活资料的来源减少甚至丧失，造成生态建设与脱贫致富的矛盾，应该建立生态扶贫补偿机制，切实保障农民群众的生活，实现经济、生态效益"双赢"。因此，可以采用资金直补和项目专补相结合的方式，对生态核心区转移出来的群众实行一次性补偿，或以项目为载体，扶持特色产业，通过项目带动经济发展，建立生态补偿的长效机制。例如，国家为支持整治三江源中下游旱涝灾害频繁地区，保护长江、黄河流域生态安全，2010 年以来先后拨付给青海省三江源生态保护区的生态补偿资金达 60 多亿元。同时，陕西和甘肃两省协同治理渭河流域水环境质量，从 2012 年起陕西省每年为甘肃省天水市、定西市拨付 600 万元水资源补偿资金，用于渭河上游污染治理。

加强农村交通运输道路建设。一方面，基础设施建设是农村经济发展的首要条件，农村基础设施中的关键点是良好的交通运输网络。农业现代化依靠先进的生产工具带动，农产品的销售依靠发达完善的运输体系和健全的流通市场拉动。近年来，通过国家"八纵八横"交通网络建设，农村高速公路和铁路建设取得很大成效。西北地区交通运输道路建设的关键是构建省级公路、市级公路、县级公路、乡镇公路、农村公路的网状体系，解决农民群众出行难问题，并将不同层级的乡村集市连接起来，使农副产品以低成本运出深山走向市场，提高农民群众的生产积极性，同时使城市生产的工业品进入大山，提高群众生活水平（李国斌，2014），国家除加大交通运输方面的投资力度外，还动员村民积极参与村路改造和修建，形成国家力量与社会力量的有效整合。另一方面，农村交通运输道路建设使农村由封闭的环境转为开放，先进的科技、设备以及现代化农作工具被引进到农田水利建设中，为推广农作物改良提供便利。较好的道路交通条件，方便农民群众走出大山，接受新鲜的事物，更新观念，提高生产效率和生活水平。

加强农村电力通信设施建设。一方面，加强通信建设，加快乡村集市信息服务工程的实施，完善农产品市场信息体系。建立农民群众与外界接触的沟通渠道，使其及时获取市场信息并从闭塞的环境中解放出来，从而发现农牧业生产、产品质量等方面存在的问题，并且有针对性地主动寻找解决问题的办法，有效地促进农村经济发展、推动乡村振兴。例如，六盘山区通过改善通信、教育等基本条件，提高农民群众的科学文化素质，通过互联网媒体和乡村集市上的信息服务中心，使得农民群众了解外界的市场信息，促进其思想观念的转变和市场意识的增强，为农村经济发展创造良好的基础条件。另一方面，应加强电力建设，确保农业生产产业链上各个环节的电力供应，吸引农产品深加工企业入驻，积极开拓农副产品深加工，增加群众的经济收入，带动农村经济快速发展。

加强农业基础设施建设。改善农业生产基础条件，加强农田水利设施建设，这是农业发展生产的先决条件。应对农业耕地进行分类改造，科学合理地采用先进农业技术。在高原、梯田、洼地发展旱作农业，引进种植抗旱强、生长周期短的农作物。在平原、窝地实施高新节水技术，培育引进经济作物，提高农业种植的经济效益。例如，针对策勒县严重缺水现状，新疆实施高新节水技术发展农业生产，改善脆弱的生态环境，进一步实施生态修复工程。

二 以集市为载体增强农村经济活力

西北地区农业农村产业结构的调整，要通过适度规模经营促进农村经济增长效率发生变化。现阶段农村主要是农民小规模分散经营，虽然投入大量的人力物力进行精耕细作，但是农作物产量有限，农业经济效益不高。一方面，调整农村经营结构，根据自愿互利的原则把农业分散经营变为适度规模经营，提高农业经济效益；另一方面，调整农业产业结构，走产业化之路，提高产品质量和产量。在逐步引导农业发展的主导产业的基础上，根据区域特点找出适合区域优势的农产品进行规模开发，让农民群众形成集约化的生产模式。聚集优势土地资源，形成特色产业，发展高质量、高附加值的农产品，提高生产效率，扩大生产规模，这样可以有效地提高农产品在集市的市场竞争能力和经济效益，带动农村经济发展。

农业科技进步促进农村经济发展，科技进步是农业产业结构调整的最关键因素。西北地区农村经济发展，要根据不同的地理环境、气候条件、光热资源以及物种的生长特点，有针对性地选种育种、施肥浇水，提高农产品的质量，增强在市场上的竞争优势。农业科技进步也会引导农业投资者的资金投入方向，无论是短期农业投入还是长期农业投入，农业资金的流动方向能够引导农民群众、农业规模种植者在产业之间和产业内部调整产业结构。同时，农业产业结构的调整反过来给农民带来的不仅是经济收入的增加，更重要的是市场意识和自我发展技能的提升。西北地区土地广阔、资源丰富，应依据区域农业发展的现状，合理分配农业、畜牧业与林业之间比例，发展市场潜力大、前景好的产品项目。例如，在六盘山区农业方面，要切实调整粮食种植与小杂粮种植比例，利用当地土地资源富含矿物资源的特点，提高经济效益贡献高的小杂粮种植比例；在畜牧业方面，要大力种草，特别是种植苜蓿，发展舍饲畜牧业，推动乡村振兴。

调整农业农村产业结构，形成一定的特色产业链，提高经济效益。政府通过优惠政策吸引企业在乡镇、农村建厂，形成以粮油、肉蛋、果蔬、中草药等制成品为主，具有地方特色和民族特色的农产品加工体系。构建生产、加工、销售等环节一体化产业链，实现农产品的深度开发和多次增值。同时，把发展区域农业与建立乡村集市和大型综合市场结合起来，提高农业综合经济效益。利用现代科学技术，提高农产品的科技含量，以市场为导向，加快农村经济的产业化，有效提高农产品在市场中的优势。

调整农业农村产业结构，促进农村就业方式转变。西北地区农村以第一产业为主，劳动力资源绝大多数被束缚在种植业和养殖业上，在第二、三产业，劳动力资源分布很少，应因地制宜调整农业产业结构，促进第一产业向更高级发展，带动第二、三产业的发展，加快实现剩余劳动力多渠道转移，拓宽农牧民增收渠道（古丽帛斯旦·买买提、古丽娜尔·阿不都拉，2010）。一是农村内部多种方式解决就业问题，进一步发展庭院经济、温棚蔬菜、舍饲圈养。例如，宁夏南部地区以畜牧产业带动牛羊肉产业，中部地区以枸杞种植带动农业衍生产业，北部地区以葡萄种植产业化带动酿酒业。二是通过产业分化多渠道促进就业，以乡村集市为平台，发展农产品物流、电商，切实解决农产品流通问题，提供更多就业岗位。在乡村集市上建立金融业、咨询业、信息业等农村新兴的第三产业，创造就业机会。大力发展个体私营经济，吸纳劳动力从事加工、运输、技术等行业，促进农村劳动力的有序流动，进而繁荣农村经济，促进乡村振兴。同时，西北地区应充分发挥资源丰富、气候多变的优势，发展观光农业、立体农业、旅游农业等，带动第三产业发展。三是通过输出劳动力发展劳务经济，使农村群众走出去，到东南沿海发达地区就业，甚至通过劳务输出开辟国际劳务市场，把更多的剩余劳动力转移出去，增加农民群众的收入。

三　以集市为载体发展农村商贸信息

农村经济发展要利用好现代传媒技术推进科技信息传播。一方面，以互联网和智能手机为主要渠道的信息传播，为农村经济的发展提供了很好的动力。西北地区虽然资源丰富，农牧业有一定程度的发展，但是交通不便，市场化程度低，以乡村集市为平台，建立农村信息服务中心，可以带动农村经济发展的步伐。近年来，通过"村村通"建设，农村基本实现了网络全覆盖，随着互联网和智能手机的普及，电商、微商等线上销售为农村特色农产品的发布提供了新销路，成为农村经济发展的新动力，应该积极引导农民合理使用现代传媒技术。另一方面，农民群众利用现代传媒技术，可以获取农业科技知识，将先进的农业科技知识用于农业生产，走农业产业化发展之路。农业产业化以市场为导向、以效益为中心，反过来也使农业科技知识不断推广与应用，从而提高农业的生产效率与经济效益，抵御市场风险，推动农业可持续发展。政府应当统筹规划引导农村劳动力的流向，根据农村资本、农村劳动力和农村信息化三种投入要素对农村经济增长进行分析，通过对农村土地的科学规划、加大机械化投入，形成现代农业发展基地（杨艳梅、王小宁，2019）。根据市场经济和科技发展需要，将农业发展基地培育成农业"产学研"实践基地，通过物质激励和精神激励政策，提高农业科技成果产出率，并积极将新的科研成果应用于农业生产。

农村经济发展要推进科技兴农兴牧，提高农牧业科技含量。政府应给予一定的政策扶持，提升农业科技水平，推进新的农业科技革命，让科技成为农村经济发展的动力。利用新型科技，促进农业由粗放型、资源依附型、传统型向集约型、知识依附型和现代型转变，走农业优质高效之路。一方面，加快职业技能教育发展，对于没有升入高中和普通本科院校的学生，尽可能让他们接受职业技能教育，为农村经济发展、科技兴农储备后续人才，从而改变西北贫困地区农村严重缺乏农业科技种植人才的情况。此外，当地农民群众文化程度低，难以利用农业科技和农产品现代销售方式，要坚持科技下乡活动，加强对农民进行农业方面的知识传播，利用农民群众在集市上赶集的机会，举办农民培训班，邀请出色的农学专家为农民讲解农业科技知识，提升农民的基本素养，不断向农民推广先进的农业生产技术，包括农业节水灌溉技术、旱作农业种植技术、农产品储藏技术、农产品保鲜技术等（赵栓文，2001），最大限度提高农民群众的农业科技水平。另一方面，加强农村职业技术教育，加强对农村技术带头人的知识更新教育，积极推动各地农科院到田间地头提供技术服务，加强对乡镇农技人员的培训，选派农村优秀青年到经济发达地区学习交流，增长见识，培养懂技术、会经营的农村实用性人员。同时，出台优惠鼓励政策，引进有志于农村发展的各类人才到农村创业发展，利用他们掌握的先进农业科技知识建设农村，有效地起到模范带头的作用，吸引更多的年轻人投身到农村经济建设中，促进西北贫困地区农村经济发展。

四 以集市为载体拓展农村经贸交流

乡村集市是农牧产品的交易中心，要高度重视市场体系建设，引导农民根据市场需求调整产业结构。一方面，加强国内农牧产品市场体系建设，特别是乡村集市市场体系建设。一是加强县域集市批发市场建设，它是大规模商品的交换中心，对整个县域内专业化生产有很大的带动作用。二是完善乡镇集市、十字路口集市建设，农民群众的农牧产品常常在此交易，虽然这里出售价格比县域集市低一些，但是距离农民家较近，相对方便。村头集市集散点是商贩直接进村收购农副产品的地方，货物分布零散。政府应健全各类市场功能，收集发布商品交易量、价格、供求信息，提供给客商参考，形成相对公平的价格机制，促进交易公平公开，推动农村经济健康发展。三是积极培育和农民群体联结紧密的中介组织。随着市场化发展，农产品流通渠道的多元格局已经基本形成，在现代传媒带动作用下，农牧产品通过线上线下结合的形式进入流通领域，但线上流通的农牧产品数量相对较少，大部分商品直接进入实体市场。因此，有必要建立农村合作组织、农村合作社等农民互助组织，充分代表农民利益，与商贸公司建立多种形式的联合与协作关系，逐步形成联合经营、风险共担的利益共同体（牛国元、余艳萍，2001）。按照西北地区粮食生产基地、棉花生产基地、油料作物生产基地、畜牧业生产基地、瓜果生产基地、蔬菜生产基地等分布特征，兴建农牧产品乡村集市综合批发市场，引导农村合作组织、农牧业经营能人、专业物流企业进入流通领域，加快农牧产品销售。另一方面，不断开拓国外市场体系建设。加强边疆贸易，将农牧产品通过边疆集市销往国外，赚取外汇，促进农村经济快速发展。西北地区边疆口岸主要集中在新疆地区，根据统计，现有对外开放的口岸 17 个，其中空运口岸 2 个，陆路口岸 15 个，即中蒙（蒙古）边境口岸 4 个，中哈（哈萨克斯坦）边境口岸 7 个，中吉（吉尔吉斯斯坦）边境口岸 2 个，中巴（巴基斯坦）边境口岸 1 个，中塔（塔吉克斯坦）边境口岸 1 个（新疆维吾尔自治区地方志编纂委员会编辑，2018：239）。政府要兴建具有较强带动、辐射作用的边疆地区集市，加强基础设施建设，建立公路、铁路运输线路。扩大农业对外贸易，鼓励农产品经营企业实施"走出去"计划，充分利用国际市场，促进企业提高加工技术、优化工艺水平、健全管理服务，提高产品的附加值，发挥民间手工艺品、畜牧产品优势，进军国际市场，赚取外汇。在政策方面，深化农产品外贸体制改革，支持优质企业与周边国家农产品企业合作开发土地、林业、渔业等资源，发展边境贸易，参与开发国际市场。

建立农产品市场保护机制。健全市场法律法规体系，完善市场管理服务，维护市场公平环境，规范市场运行秩序。为了保证农民群众增产又增收，维护农民群众的切身利益，政府要建立农产品市场保护机制，为结构调整提供正确的市场信号和市场导向（陈强、慕乔，1999）。一是降低农业生产资料供应领域的费用，简化流通环节，加大种子、化肥、农药销售监督力度。一方面，政府支持化肥、农药生产企业增加产量，保证市场供应充足；政府加强化肥、农药储备监管、价格监管、质量监管，严肃查处化肥生产、经营、销售等环节的违法乱纪行为，确保市场有序运行。另一方面，保障种子培育工程，通过政府财政补贴，确保优质高产种子能够及时足量运到农民群众手中。严厉打击惩处假冒伪劣化肥、农药、种子进入乡村集市，扰乱正常的市场秩序。二是推动农村生产要素市场诸如土地市场、金融市场和劳动力市场的合理流动，尊重农民意愿，积极引导农村土地有序流转；完善农村金融市场，积极推进农村金融体制改革，完善农业银行、农村信用合作社以及其他农村金融机构贷款机制，解决农民群众贷款难的问题。

五　以集市为载体加强农村经济活力

农村经济发展应以农业为基础，推动三产融合，打造全产业链模式。乡村振兴要立足农村的现实条件，按照融合发展的理念，以农业为基础，以乡村集市为载体，不断向第二、三产业扩展，因为在农业发展中本身就孕育着工业和服务业协调发展的潜在动能，三者相辅相成，共同推进农村经济发展。一是推动大农业发展理念，利用区域资源优势，促进种植业与养殖业结合，种养产业与工业结合，提高农产品加工转化率和产品附加值，推进全产业链发展和价值提升。充分发挥农业多功能价值，着力发展休闲农业、观光农业、养生农业，将农业与第三产业结合，满足社会对农业的不同层次需求。二是创新流通模式，通过现代传媒技术，加大宣传力度，打造农牧产品的品牌，加快农村经济转型升级。利用网络平台，以乡村集市为媒介，整合线上线下信息，实现线上线下融合互动，构建从田间到餐桌的产品需求信息流，从而引导农业产业链实现生产、加工、运输、销售一体化深度融合发展（赵卓娟，2017）。

农村经济发展应优化资源区域布局，促进三次产业融合发展。抓住新时代西部大开发战略、乡村振兴战略的良好机遇，改善农村基础设施，提高公共服务能力，为三产融合发展提供保障。一是改善农村交通运输条件，这是农业发展、工业发展、商业发展以及服务业发展的先决条件。二是优化区域资源布局，调整农业生产结构，提高粮食种植效益。不同地区种植结构各有侧重，例如，新疆推进优质粮食、棉花、特色林果、畜产品四大基地建设，实现农业带动工业、工业辅助农业，最终达到农业增效、农民增收的目的。三是大力发展庭院经济，西北地区一些县、乡镇人多地少、水资源紧张，农业增收能力非常有限，加之当地二、三产业不够发达，应以乡村振兴为契机，整合各种有效资源，多方筹措资金，根据一户一方案的要求，在农村庭院内养殖牛、羊、鸡、鸭、鹅和鸽子等畜禽，在条件成熟的地方发展农业合作社，或者采用"公司 + 农户"的养殖模式，以育肥为主，缩短养殖周期，加快养殖资金流动速度，打造绿色养殖产业链，提高农产品劳动生产率、商品率和土地产出率，促进农村经济发展（刘建忠，2015）。

多元化转移就业，促进西北地区农村经济发展。一是提高对农村剩余劳动力转移就业职业培训的公共财政支出。近年来，农村剩余劳动力持续溢出，而企业吸收就业的能力不断下降，转移就业成为一个突出问题。异地流动就业对于农民群众来说成本更高，并且在经济发达地区就业对劳动者的技能素质要求更高，掌握一定的技能更加容易获得就业机会，因此，政府在未来相当长时期内，应该扩大对农村剩余劳动力职业培训的公共财政支出。国家财政预算规划一定比例的农村劳动力就业培训资金，加大对西北地区财政转移支付的力度。地方政府要加强对农民流动就业的管理，建立规范的劳务市场，提供准确的就业信息，加强就业指导与培训，做好法律援助、劳动安全等方面的社会化服务。流出地政府与流入地政府应当密切合作，及时获取就业岗位需求信息，根据市场的需求来对专业、课程、培养对象进行灵活多样的调整，使供给与需求密切联系，提高培训效率（李怀宝，2010）。政府应当建设农村职业培训中心，在农闲时提供一些培训项目，如建筑装修、养殖、汽车驾驶与维修、瓜果蔬菜栽培、家政服务等培训课程，主动引导农民改变就业观念，消除就业中的消极思想。通过对农民进行文化知识、法律知识和劳动技能等的培训，提高外出务工劳动力的综合素质（高志刚、李梦杰，2017）。二是促进经济增长和改善收入分配并重，帮助低收入家庭剩余劳动力寻找就业机会，使他们参与到经济增长的过程中。政府应支持金融机构给有意向创业的农村劳动力提供贷款，获取创业的启动资金。当然，劳动力转移是一把"双刃剑"，一定数量的劳动力转移可以促进农村经济的可持续发展，但过度转移可能造成农村的"空心化"甚至荒废，因此，政府应当提供一定数量的扶持资金，扭转外出务工收入高的观念，让有志于在农村发展的青壮年劳动力留在农村，在乡村振兴中充分发挥他们的作用。

第三章　乡村集市与农村社会治理

第一节　农村社会治理

一　农村社会治理主体

随着国家治理体系和治理能力现代化的不断推进，西北地区政府根据社会发展的结构性差异，在教育、卫生、人口、社会保障、生态环保等领域逐步建立了适合本地区发展的社会治理机制，积极应对农村社会治理面临的新问题、新挑战，促进农村社会和谐稳定健康发展。

从农村社会综合治理方面看，西北地区积极推进农村社会治理现代化。2019 年青海省将矛盾纠纷排查作为源头性、基础性工作，坚持动态管理和应急管理相结合，多元化解决农村社会问题。宁夏通过"互联网 + 人民调解""乡村治理积分卡""金牌调解室""法律明白人"等创新机制提高农村社会治理水平。同时，加强"平安宁夏"建设，探索"大党委""联合党委""党建 + 治理"等特色治理模式。此外，宁夏制定村民代表会议制度创新"55124"模式，即五步工作法、五联记录表、一份议事清单、乡村两级监督、四级联动督查（宁夏社会科学院，2020：5～9）。2020 年，宁夏开展扫黑除恶专项斗争，打掉涉黑涉恶犯罪团伙 118 个，抓获涉黑涉恶犯罪嫌疑人 2063 人，查封、冻结、扣押涉案资产 47.3 亿元（宁夏社会科学院，2020：13）。2019 年，陕西省通过"经济报表"和"社会报表"两手抓，实现从"小治安"到"大平安"，深入推进扫黑除恶行动，探索建立"黑不生、恶不出"的长效机制（陈玮主编，2020：8）。2018 年，甘肃构筑纵向到底的社会安全网，建立省、市、县三级突发公共事件应急指挥中心，设立 33 个指挥部，应急平台综合服务系统运行良好，完善了与社会安全配套的各项法律、法规和规章制度建设（王琦等主编，2019：6～7）。2017 年以来，新疆围绕社会稳定和长治久安目标，出台反恐维稳"组合拳"，挤压"三股势力"的生存空间（高建龙、苏成主编，2018：28）。2019 年，青海各地划分网格 22438 个，确定网格员 40427 名，乡镇街道 100% 覆盖，村社区 98% 覆盖，初步建立城区、牧区、农村三种类型，市州、县市区、乡镇、村社区四级特色治理模式，多方参与的社会治理格局（索端智主编，2020：25）。

从农村社会民生事业方面看，西北地区逐步健全民生保障机制，提升群众的获得感、幸福感。一方面，加强就业与教育建设，提升群众自我发展能力，陕西省多举措促就业保增收，甘肃省将就业作为民生工作的重点，宁夏提出就业是民生的首要任务，新疆将就业作为重中之重。2019 年，宁夏提升农村教育质量，推进"互联网 + 教育"，提升农村学校办学水平，持续增强农村义务教育发展能力，现有各级各类学校 3440 所，在校学生 153.95 万人。甘肃全面落实各项就业政策，全省农村就业人口从 2016 年底的 957.7 万人，减少到 2018 年底的 918 万人，平均每年减少 19.9 万人（王琦等主编，2020：2），2018 年城镇新增就业 40 万人以上，城镇登记失业率为 4%，高校毕业生就业率达到 85% 以上，城乡富余劳动力转移就业 500 万人以上。2017 年，新疆实施城乡义务教育学生"两免一补"政策，推进国家通用语言教学，并从内地招聘师范生从事教育工作。2018 年，青海围绕"幼有所育、学有所教、劳有所得、病有所医、老有所养、住有所居、弱有所扶"以及生态保护，实施了 8 项民生工程（陈玮主编，2019：23）。另一方面，加强扶贫措施与机制建设，提升群众的生活质量。2018 年，宁夏印发《宁夏回族自治区县级脱贫攻坚项目库建设实施方案》，建立了区、县、乡、村四级联动机制，8 个国家贫困县区共入库项目 82062 个。全区贫困发生率由 2012 年底的 22.9% 下降到 2018 年底的 3%，累计减少农村贫困人口 83.4 万人，贫困地区农村居民人均收入由 2012 年的 4856 元增长到 2018 年的 9298 元（宁夏社会科学院，2020：5~6）。甘肃省精准扶贫形势良好，扶贫对象人均纯收入增长 14.8%，贫困人口由 2011 年底的 842 万人减少到 2017 年底的 189 万人，贫困发生率由 40.5% 下降到 9.6%，贫困群众生活条件显著改善（王琦等主编，2019：3~4）。2017 年，新疆"访惠聚"驻村工作队扎实推进农村建设，共派第一书记 11342 人，其中选配 7150 名"访惠聚"驻村工作队队长兼任村或社区党组织第一书记，打赢脱贫攻坚战，实现"一年稳、两年巩固、三年基本常态"的目标（高建龙、苏成主编，2018：30~31）。2019 年，陕西出台《关于支持贫困村发展壮大集体经济的指导意见》，形成集体经济典型村，使贫困户从集体经济发展中受益，贫困人口由 2011 年底的 775 万人减少到 2017 年底的 183 万人，贫困发生率由 28% 下降到 7.54%（司晓宏等主编，2020：3~4）。

从农村医疗卫生方面看，西北地区全面实施"全民健康工程"，建立"健康陕西""健康甘肃""健康宁夏"等一系列全民医疗保健体系，青海省推进国家高原病诊疗中心、区域包虫病医疗中心建立（丁守庆主编，2021：22~26）。2018 年，甘肃省建立省、市、县三级民政部门，与相应医疗机构签订医疗救助定点协议，救助对象的医疗费用实行"一站式"结算报销（王琦等主编，2019：5）。宁夏从 2014 年 5 月起，试行"先看病后付费"的诊疗模式，统筹建立城乡居民大病保险机制。截至 2019 年底，宁夏医疗卫生机构有床位 41005 张，每千人拥有 5.96 张，拥有卫生人员 65770 人，其中乡村医生 2931 人，卫生员 206 人（宁夏社会科学院，2020：4~5）。2018 年，陕西健全覆盖城乡居民基本医疗卫生制度，打造 15 分钟医疗服务圈，推进总控制为基础，按病种付费为主的多元复合医保改革（任宗哲等主编，2018：6）。2019 年，陕西出台《关于促进"互联网 + 医疗健康"发展的实施意见》，满足群众日益增长的医疗卫生健康需求。

从农村人居环境方面看，2019 年，甘肃省制定《甘肃省食品小作坊综合治理三年提升计划（2019—2021）》，集中开展食品安全整治。2018 年，宁夏建设美丽小城镇 20 个，建设特色小城镇 12 个，农村人居环境整治完成农村污水处理、农村厕所改建 2.9 万户（宁夏社会科学院，2019：7）。建立基层政权建设领导议事协调机制，并将修改村规民约纳入农村建设考评，得到民政部的肯定和推介，2019 年印发《关于推动移风易俗树立文明乡风的指导意见》《宁夏回族自治区礼遇帮扶道德模范实施办法》，引导农村移风易俗，抑制高额彩礼，倡导红白喜事简办等。甘肃省加强美丽乡村建设，对农村特别是贫困地区农民生产生活条件加大改善力度，实施农村饮水安全巩固提升工程和"五小水利建设"，加大农村人居环境改善力度，推进无垃圾专项行动，推进厕所粪污、畜禽养殖废弃物处理。新疆加强特色村寨、美丽休闲乡村建设，有 14 个村落入选国家民委"第二批中国少数民族特色村寨"名录，7 个村落入选"中国最美休闲乡村"（高建龙、苏成主编，2018：29～30）。

二 农村社会治理内容

西北地区创新铸牢中华民族共同体意识工作机制，围绕"共同团结奋斗、共同繁荣发展"，共建精神家园。2019 年，宁夏举办民族团结进步创建"互观互检"活动，为建设新美丽宁夏、共圆伟大中国梦做出贡献；青海省制定《青海省促进民族团结进步条例》，着力打造民族团结进步创建的"青海样本"；2017 年，新疆开展"民族团结一家亲"，使民族团结联谊、民族团结结亲成为亮丽风景，加强了不同民族之间的交流，形成各民族手足相亲、守望相助的良好环境，铸牢中华民族共同体意识（高建龙、苏成主编，2018：31～32）。2020 年，甘肃省开展"百场万人"大宣讲，结合典型案例，将国家民族理论政策，通过通俗易懂的话语讲解送到群众的身边；青海省颁布实施民族团结进步条例，通过"平安青海"等工程，促进各民族交流交往交融；宁夏出台《民族团结进步创建活动"十三五"规划》，印发《关于创建全国民族团结进步示范区的实施意见》等文件，每年命名一批民族团结先进典型，每 3 年组织评选一次民族团结进步模范人物，每 5 年召开一次民族团结进步表彰大会（宁夏社会科学院，2021：12）。

西北地区宗教治理法治化建设，民族团结和依法治理宗教事务活动成绩显著。宁夏通过落实排查机制、省际协作共管机制、抵御境外宗教渗透机制、领导包抓督办机制、宗教活动场所民主管理机制等提高治理能力和自我管理能力（宁夏社会科学院，2021：12）。新疆全面落实党的宗教工作基本方针，对各项宗教事务依法管理，保障群众正常、合法的宗教活动，加强对宗教场所、人员以及信教群众的服务与管理，不断促进宗教与社会主义相适应（丁守庆主编，2021：27）。青海以党建引领铸牢中华民族共同体意识，并且以铸牢中华民族共同体意识夯实基层基础，凝聚民心民智，共筑中华民族精神家园，促进各族群众共享改革发展成果，增强群众对党和政府的凝聚力和向心力（李兴文、马廷旭主编，2023：312～315）。

第二节 乡村集市推动农村社会治理案例解析

一 城乡社会互动

乡村集市通过促进城乡社会互动与文化交流，促进农村社会治理。一方面，社会文化传播是指在人们社会交往过程中，产生于社区、群体以及人与人之间的共存关系之内的一种互动现象。西北地区乡村集市通过民间手工艺品的买卖等活动传播文化，在节假日、农闲时节、丰收时节开展民间表演、民俗表演等文化活动。乡村集市传播文化既可以强化农民群众对民间传统文化的认同，丰富他们的精神文化生活，也可以将民间传统文化通过商贩、旅游者、中介人等传播到城市，吸引更多对农村传统文化感兴趣的人参观旅游，给农村带来城市文化元素，从而推动农村与城市之间的社会互动。

另一方面，社会文化传播是人与人之间在特定场域内发生各种联系产生的互动。乡村集市作为农民群众进行商品贸易、娱乐聚会以及文化活动、社会互动的场域，表现出丰富多样的商贸文化，如讨价还价的方式、看货估量交易、吆喝买卖、招牌幌子等，这些交易文化习俗依赖人们之间的互动和交流才能得以传承并向四周扩散，甚至随着人口流动传播到远方。

案例 3 - 1　乡村记忆馆

　　新疆洛浦县洛浦镇的"乡村记忆馆"是当地爱国主义教育基地，陈列着旧农具、旧生活用具，如褡裢、油灯、木碗、木桶、木勺、木箱等，还有大件的木犁、手推车、纺线织布机、榨油机、石磨、旧灶台等早已淡出当地人生产、生活的物品。还展出毛泽东、邓小平、习近平等领导人的画像、书籍及其他红色纪念品等。每逢赶集日，乡村记忆馆就格外热闹，不仅乌鲁木齐的干部群众时常参观，北京、上海、广州、南京等地的人也慕名而来。乡村记忆馆起到了积极的引导作用，让群众感受到农村生活的变化，深知幸福生活来之不易，更懂得感党恩、听党话、跟党走，在潜移默化中增强荣誉感和自豪感，引领群众走上致富路。

　　乡村集市还可以促进农业知识的传播和农业科学技术的推广，推动农村与城市社会互动。乡村集市既是物品交易的场所，也是知识传播社会互动的场域，每逢赶集日，分散居住在集市周边十里八乡的农民群众聚集到集市上，此时，农业技术推广、农业文化知识宣传等都是比较有效的，无论是参与集市交易的农民群众还是闲逛的农民群众，总会驻足倾听、现场咨询、取走宣传册，对于促进农业发展意义非凡。现代农业生产需要不断提高农业科学技术，根据市场需求不断调整农业产业结构，从而增强农业综合实力。可见，在乡村集市这样一个农村人口最易集聚的场所提高农业科技服务水平，有助于农民增长知识，提高综合素质，推动农村社会的发展（公风华、王顺冬，2007）。

在乡村振兴中乡村集市承担着城乡社会互动融合的功能，随着城乡社会人口流动的加快，集市逐渐发展成新型城镇，加速农村人口向城镇转移。西北地区根据发展特点，重点建设了一批特色农业型、工业产业型、商贸流通型、休闲旅游型、交通枢纽型等特色集市城镇。近年来，集市城镇公共设施不断完善，吸引农村人口向集市城镇集聚，使他们在不放弃农村土地的基础上，实现就地城镇化。特别是随着农村青壮年向城镇集聚，部分地区农村空心化逐步凸显，每逢节假日住在城镇的年轻人回乡探亲成为常态。宁夏盐池县麻黄沟的青年夫妇 NFF 告诉笔者："现在虽然在城里住，但是根在农村，那里有平房，还有两个叔叔，一个姐姐，每逢过节都会回农村，让孩子看看老家，并与其他孩子耍一耍，感受不同的生活。事实上，城里有城里的优点，农村有农村的好处，农村人很纯朴，回农村多走走，肯定是没有坏处的。"

西北地区乡村振兴，一方面构建农业、工业、服务业相互融合的发展体系，建立以省会城市为主的现代服务综合区。某些资源型城市根据资源开发程度规划转型，位于交通要道的城市建立信息基地，自然资源、生态保持良好的城市建立旅游度假区，民族成分多元的城市做好特色产业基地，进一步促进城乡社会互动。另一方面，农村发展特色优势产业，做强基层品牌，以宁夏为例，同心羊绒产业、西吉马铃薯、盐池滩羊、六盘山冷凉蔬菜、固原小杂粮、吴忠油菜、隆德中药材、盐池黄花菜、泾源中蜂等，通过城市发展促进集市发展，再辐射带动农村发展，完善以民生为主的农村社会治理。

二 乡风文明建设

西北地区农村乡风文明建设为乡村振兴提供动力源泉，乡村振兴既要促进经济发展，提高农民群众的物质生活水平，也要加强精神文明建设，改善农村不良的社会风气，树立良好的乡风。一方面，以集市为中心加强农村文化基础设施建设，包括图书馆、文化广场、文化馆、老年活动室、农村文化公园等文化活动场所，为农民群众提供读书学习、聊天、交友、吹拉弹唱的场所。农民群众参加各类文化活动可以提升文化修养，并且能够增加互动的机会，有助于培育乡风文明意识，也有利于消解农民群众闲时无事搓麻将、打牌，甚至聚众赌博的不良风气。另一方面，以集市为中心加强乡风文明建设，培育良好的民风、家风以及乡风，建设干净整洁的卫生环境。2018 年，中共中央办公厅、国务院办公厅印发《农村人居环境整治三年行动方案》，提出"以农村垃圾、污水治理和村容村貌提升为主攻方向"。农民群众在接受积极的乡风文明中增进彼此之间的交流互动，鼓励开展文艺活动，讲述农民故事，弘扬时代主旋律，传播时代正能量。

案例 3－2　生活环境治理

新疆沙湾县老沙湾镇是全国乡村治理示范村镇，2018 年全镇 37 个村推进人居环境治理，建立垃圾场，投放垃圾箱，定期清运，引导村民树立爱护环境、讲究卫生的新风尚。通过整治，改变了过去林带里杂草丛生，家禽、牲畜死尸随意丢弃，公路两侧生活垃圾满地，夏季臭气熏天，冬季尸体遍地的情况。该镇还在农村开展"环境卫生整治骏马奖"评比，农民家庭开展"人居环境整治示范户"评选，近年来"懒人"少了，农村环境美了，空气更清新了，村民更加热爱家园，深切体会到党和政府的惠民政策带来的实惠。

村规民约建设也为乡村振兴提供良好的秩序，乡规民约作为农村自治的一种形式，由农民群众共同商量，共同讨论，共同制定，处理大家日常生活中面临的农村社会治理和农民言行礼俗等问题，是农民群众自觉建立的相互交往行为的规则。村规民约有两种类型：成文的村规民约、不成文的村规民约。无论是哪一种类型的村规民约，都对协调农村社会关系、促进农村经济发展和维护农村秩序发挥了巨大的作用，例如，陕西省镇安县茅坪镇提出党员干部带头做到移风易俗，并签订了《移风易俗承诺书》，宁夏彭阳县委宣传部发布农村移风易俗倡议。村规民约是农民群众在日常社会互动关系中显性的或隐性的行为准则，在某种程度上潜移默化约束农民群众的言行，引导促使他们的言谈举止不出现过激行为。村规民约也是西北地区农民处理日常生活事件的民间行为准则，许多村建立了村民议事会、道德评议会、红白理事会、老年人协会，有些村制定村规民约，提倡婚事新办、丧事简办、其他喜庆事宜不办的新风尚，开展晒家风、亮家训、比家教活动，提高农民鉴别是非、美丑、荣耻的能力，有助于农民群众之间形成良性的互动关系。

案例 3 - 3　移风易俗两篇

A 篇：2017 年 10 月，陕西镇安县茅坪镇组织党员干部签订《移风易俗承诺书》，主要内容包括：坚持红白事随礼标准，仪式从简，不大摆筵席；不办或不参加满月、乔迁、祝寿、升学、入伍等喜庆事宜；抵制喜事滥发喜柬、过度"闹喜"等陋习，不大量燃放烟花鞭炮，喜事不在公共场所乱贴红纸，丧事不在出殡沿线抛撒红纸钱。自觉做到婚事新办、丧事简办、小事不办，反对铺张浪费、封建迷信，践行勤俭节约、健康文明的生活方式。要求干部以身作则，并动员身边的亲戚、朋友，广泛宣传，以实际行动引领文明树新风，改陋习，助力乡村发展。

B 篇：2021 年 12 月，宁夏彭阳县委宣传部、县文明办发出移风易俗倡议，旨在营造良好的社会氛围，推动乡村振兴。该倡议包括六个方面的要求。一是做文明新风的倡导者。要做到婚事新办，响应集体婚礼、旅游结婚等新风尚，不大操大办。要做到丧事简办，厚养薄葬、简化仪式、缩短时间、控制规模，提倡公墓、火葬、树葬等文明丧葬。要做到宴会不办，乔迁、庆生、祝寿、子女上学、参军等事宜尽量不办，如果要办，则要将人员范围控制在本家家属以内。二是做"一约四会"的遵守者。要自觉遵守村规民约，支持配合村民议事会、道德评议会、禁赌禁毒会、红白理事会等村民自治组织工作。三是做勤劳致富的拼搏者。要自强不息、自力更生、艰苦奋斗，不等不靠不要，发挥乡村振兴主力军的作用，大力发展致富增收产业，做新时代的追梦人。四是做清洁家园的守护者。要自觉养成讲卫生、爱环境的良好习惯，树立主人翁意识，爱护清洁家园、守护绿水青山。五是做遵纪守法的明理者。要积极配合支持民生工程、公共服务、项目建设，不见利忘义、不漫天要价、不阻挠施工，主动配合征迁等各项工作。严格按照信访事项办理流程，正确表达诉求，不闹访、不缠访。六是做移风易俗的带头者。党员干部要带头树立文明风尚，带头弘扬社会正气，带头破除陈规陋习，带头抵制高额彩礼，带头响应"零彩礼""低彩礼"，带头简办红白喜事。

农村乡风文明建设为乡村振兴提供资源支撑，陕西省镇安县以多元形式宣传乡风文明建设，推动农村社会治理。一方面，加强农村文化资源开发利用。深入挖掘传统乡土文化、农耕文化、地域文化，古城镇、古村落、古建筑文化，打造特色文化品牌，吸引客商、游客到农村投资、旅游，这既能增加农民群众的收入，也能增加农民群众与外界人员的交流互动机会，开阔他们的视野，提高他们的认识能力。另一方面，加强农民群众乡风文明建设教育。农民群众不仅是农村经济的建设主体，也是农村乡风文明建设的主体，对农民群众进行积极向上的乡风文明教育是防止他们价值取向错位、思想行为被侵蚀的重要方式。从农村教育形式看，有粘贴标语、发放宣传教育手册，在人口易于集聚的公共场所如村委会、村文化广场、乡村集市出入口等地方设置宣传栏；从教育内容看，农业技术、劳动技能多，文化思想教育少；政策、制度教育多，法律法规教育少。随着农村现代化程度不断提高，要充分利用现代媒介技术，充分发挥电视、网络、手机等传播媒介的教育功能，让农民群众及时了解涉农政策导向、文化教育动态。经常邀请农业专家、法律专家、文化名家、教育专家、医疗卫生专家等利用乡村集市赶集日，进行讲座培训、法律咨询、孩子教育咨询等，促进农民群众与专业人士互动，提高他们的认识水平，进而推进农村社会治理。

案例 3 - 4 西口镇乡风文明宣传

镇安县西口镇弘扬家风家训开展乡风文明宣传，一方面，在村、社区镇级机关部门设立专栏，在全镇农村打造文化墙，以优秀传统文化、名人家风家训故事等内容宣传"道德模范"；另一方面，在乡镇集市广场举办家风家训大讲堂、幸福家庭进千家活动，让评选的"好媳妇、好婆婆、好女儿"讲述自己的事迹，传播普通家庭的良好家风，引导群众孝老爱亲。发放《文明家庭创建倡议书》及各类家风建设宣传单 3100 多份，悬挂宣传横幅 40 多幅。

三 信息资源传播

以乡村集市为平台，加强农村信息化建设，提高农民群众的信息知识水平。农村信息化建设是耗时耗力的重大系统工程，建立科学合理的农村信息体系，将有助于农村可持续发展。西北地区特别是偏远地区信息不畅，目前互联网和报纸杂志等媒体大部分只贯通到乡镇，还没有完全覆盖到行政村，自然村信息条件就更加落后。乡村振兴需要科技含量高的信息网络，但是农村青年外出寻找发展机会，留守在农村的群众受到文化水平限制难以掌握现代科技，因此农村信息化建设需要从当地实际出发，多途径推进。党的二十大召开后，为了解决如何将"三农"政策传播给农民这一问题，各级政府做了有益探索，例如，青海省成立多种形式的宣讲队，及时给农牧民传播党的好政策。为了使政策落地生根，真正给农民群众带来实惠，有些地方以乡村集市为平台建设信息网络站，利用农民群众赶集的机会组织培训信息技术，掌握一定信息技术的农民群众之间通过交流互动，将信息技术传播扩散到农村，从而促进农村社会治理。甘肃地方政府在农村学校建立村级网络教室，教师将省、县网站下载的涉农信息利用周末培训传达给农民，学校在信息的宣传方面起到很好的辐射作用。

案例 3 – 5 基层大宣讲

党的二十大胜利召开后，向基层宣传成为工作重点，让"理论下基层"变成了"理论在基层"。青海省部分州县组织"百姓宣讲大篷车""百姓话廊""曲艺宣讲队""艺人宣讲团"等宣讲队伍，深入牧区、农村，特别是乡镇集市、庙会集市，将党的政策结合花儿、道情、贤孝、平弦、谚语等形式，编制成文艺节目，通过跳舞蹈、唱民歌、讲惠民政策的方式，让农牧民群众听得懂、记得牢。在牧区，门源县的骑兵宣讲队、囊谦县的摩托车宣讲队，翻山越岭，驰骋在草原上，在人口较为集中的乡镇宣讲可做到事半功倍。在少数民族聚居区，政府组建"双语宣讲团""三语宣讲团"，宣讲员既用汉语宣讲，又用民族语言宣讲，赢得群众"点赞"。

农村信息化建设是为了拓宽群众了解国家政策的路径，地方政府利用现有基础设施，推动农村文化、教育、医疗、金融、旅游等信息共享工程。甘肃甘南地区某寺庙民管会主任 SGH 告诉笔者："宣讲的话我听懂了，党的政策好，现在有医疗保险，有养老保险，打心眼里感谢党和政府，我们要用行动维护民族团结。"青海省海西州某寺管会副主任 QFS 也说："这几年寺院变化很大，院子铺了新地砖，水、电通了，僧人医疗、生活有保障，感谢伟大的党，信教群众与党和政府心连心。"

农村社会发展需要有一个良好的人际互动与信息传播平台，乡村集市作为农村地区人们集聚的空间，发挥着信息传播的功能，而信息传播又反过来促进农民群众之间以及农民群众与外界之间的社会互动。一方面，西北地区特别是山区，农村社会环境的封闭性、农业生产的季节性、牧业生产的常年性，使农民群众被束缚在有限的生存空间范围内，乡村集市的发展拓宽了农民群众的社会接触面，增进了人际互动交流。农民群众在日常生活中形成一种习惯，无论从电视、手机、互联网、广播等大众传媒获取的信息，还是在公共场所接收到的信息，这些信息包括就业信息、农业生产信息、涉农政策信息，甚至国内国际新闻，他们都希望在集市上通过熟人社会传播求证，也就是说，信息会有一个再解读的过程，即用农民的话说农民的事，这种解读过程促进农民群众之间的社会互动，增强信任感和凝聚力，例如，陕西宁陕县涉农信息传播。近年来，大学生村官、三支一扶志愿者、外出务工返乡人员、大中专学生成为农村地区信息传播的文化人，也是农民群众信赖的对象，农民总是喜欢将自己听到的或见到的人与事向这些文化人求证。另一方面，农民群众既是信息的受众，同时也可能是下一个信息源。在农村信息的人际传播过程中，农民群众是许多信息特别是涉农信息的受益者，同时也是信息的发布者，他们将自己获取的信息传播给自己的亲朋好友，再由亲朋好友将信息传播出去，形成一种"互动仪式链"，这样个人、群体、组织就可以构成一种多元的互动的关系，这种关系的节点对于落后地区来说就是乡村集市。农民群众的互动，不管是基于交换、符号还是基于角色或是对于本土生活的实践，总包含着信息的传播过程（熊顺聪、黄永红，2010），理解这个过程，可以有效促进农村社会治理。

案例 3 - 6　涉农信息传播

　　陕西省宁陕县江口镇是秦岭脚下的一个山区小镇，基层政府以激发群众的内生动力为切入点，把巩固脱贫攻坚成果同乡村振兴有效衔接。一是宣传国家惠农政策，在乡村集市、十字路口等人口密集处张贴宣传牌、宣传标语，政府利用网站窗口、LED 显示屏滚动呈现乡村振兴政策，运用自媒体、美篇、微信群等形式报道镇内巩固拓展脱贫攻坚成果相关消息。二是在乡村集市旁边的广场公开表彰致富自强标兵、光荣户、先进典型户，并组织群众观摩学习，带动后进增强致富意识。三是抓新民风建设，通过交友帮扶、十星级文明户、五好家庭、好婆婆、好媳妇等活动弘扬优良传统美德，杜绝歪风邪气，改善村容村貌树新风，发挥环境育人的带动作用，从源头拔穷根展新貌。

根据西北地区的地理条件，优化农村信息消费结构，完善农村信息服务体系，将"家电下乡""宽带下乡""信息下乡"工作站设在乡村集市，加强农村物流信息建设、农村电商信息建设、涉农数据库信息建设等，推动农村发展。刺激交通通信消费，拓展医疗保健消费，提升文教体育娱乐消费需求，吸引更多企业服务于农村信息消费领域，促进农村与城市社会互动。乡村集市作为城镇功能向农村辐射、外溢的载体，已成为农民改善物质生活条件、丰富精神文化生活、获取外界信息以及政府政策宣传普及的重要平台。乡村集市传播的信息主要包括：一是生产信息，如就业信息、农产品市场供求信息；二是生活信息，如衣食住行方面的信息；三是技术信息，如农业科技知识；四是服务信息，如农业农村政策、医疗卫生、社会保障、文化等方面的信息。这些信息的传播与获取推动农村社会治理。一方面，乡村集市作为一个信息资源库，在村庄与村庄之间实现信息传播。受交通条件的影响，农民群众主要生活在以村庄为原点辐射半径五公里的范围，平时忙于农业和牧业事务而信息比较闭塞，赶集的重要作用之一就是获取信息，增长知识开阔眼界。另一方面，乡村集市作为一个信息资源库，在农村与外界之间实现信息传播。乡村集市吸引客商带来各地货物的同时，也带来了相关的信息知识，客商与农民群众通过语言交流，有意无意地把信息传播给农民，拓展农民群众的知识面，使他们接触到一些先进的经济、社会和文化信息资源，进而改变农民群众的言行，推动农村社会的发展。

四　交流交往交融

乡村集市作为农民群众开眼看世界的窗口，拓展了农民群众的社会网络。在西北地区，集市是农村社会关系的重要载体，随着乡村振兴的实施，集市得以快速发展，集市的发展带动农村手工业的发展，而城市对于农村手工业的需求信息通过乡村集市贸易反馈到农村。农民群众通过集市窗口看到消费者的需求，促进农村商品交换及社会组织、社会关系向城市延伸，扩大社会关系网络。以集市为场域对农民群众进行培训的过程，也是农民群众社会网络扩展，从而开阔视野提高认识水平的过程，例如，新疆博湖县农牧民夜校，陕西省宁陕县江口镇农村电商培训。

案例 3 - 7　农牧民夜校

新疆博湖县冬闲季节各行政村在活动室开办"农牧民夜校"，基层宣讲员将现代京剧《红灯记》唱词换成党的十九大报告中的惠农政策，唱起来朗朗上口，村民非常喜欢听，听几遍就能记住。有些乡镇每逢赶集日趁着人多发放培训宣传册，讲惠民政策、学科技知识、讲法律法规。夜校培训的教师是县委组织部开展"民族团结一家亲"活动的党员干部，他们通过"植物保护＋经济管理＋临床医学"等形式讲解，例如，农家乐怎么修建，如何改造，怎样才能吸引游客，有哪些事项需要特别注意。致富的"法宝"靠文化、靠知识、靠技术。夜校发挥在乡村振兴中的"智囊团"作用，向老百姓灌输新知识、新思想、新理念，成为农村产业发展的技能培训中心、群众致富的"好帮手"，为群众送去"致富经"。

课题组问："你认为培训对你有啥帮助吗?"

村民 LLE 说："听了老师的讲解,知道老百姓种棉有补贴、盖房有补贴,只要心连起来、手勤起来,生活会更好。"

村民 MMT 说："要富口袋,先富脑袋,知道了政策,就不会瞎干。"

本布图镇某村党支部负责人 MZS 说："在夜校,农牧民把问题带过来听老师讲解,将答案领回去,就学懂弄通了,明白咋干了。"

乡镇干部 LM 说："现在靠经验种养已经落伍了,要发展生产,就得埋头学科技,抬头看市场。"

案例 3-8 以培训促进社会治理

2019 年 1 月,陕西省宁陕县江口镇举办农村电子商务培训,镇里农民群众、个体经营户、致富带头人、电商创业者共计 300 余人参加,以年轻人为主。培训分两个方面:一方面,专业人员讲解农村电子商务基础知识,电子商务和农业、农产品、致富产业的关系,以及电子商务在农村的发展潜力和趋势等内容;另一方面,现场参观街道两侧典型的电商企业,电商经营者现场演示核桃、板栗、蜂蜜、香菇、木耳等土特产分拣、包装、运输以及网上销售方式,旨在培养电子商务人才队伍,探索电商发展新路子,使农民群众都能掌握新知识、新技能。年轻人通过参加培训,交流经验交换思想,摸索致富的路子,游手好闲者少了,惹是生非者少了,从而间接促进了社会治理。

乡村集市也是农民群众情感交流的重要场域,扩展了他们的社会网络。一是内地农村地区农民群众的社会关系向城市延伸;二是边疆地区农民群众的社会关系向边疆外延伸。乡村集市的产生和发展离不开人们的需要,集市可以突破农村地域的界限,推动农民群众通过社会交往获得情感互动,情感互动又可以引起群众的情感共鸣，产生一定的认同感和凝聚力促进农村发展（黄火明，2007）。西北边疆地区的群众可以通过集市了解外部世界的经济、社会、文化发展状况，学习借鉴实用性很强的农村可持续发展的经验。一方面，边疆乡村集市给边疆群众提供了很多的信息与资源，扩大了边疆群众的活动地域，拓展了其社会关系网络。另一方面，边疆乡村集市使不同地域、不同民族乃至不同国籍有着不同文化、信仰的人聚集到一起，为双方的更深往来（如跨界工作、跨界婚姻、跨界商贸往来）提供契机（杨丽云，2018），扩展了边疆群众的交际圈。

此外，乡村集市是西北地区农村人际互动的空间，也是邻里之间情感交流、生活互动的重要场所。集市具有聚集性、交往性、人文性等特征，不仅是商品交易的场所，也是邻里之间社会交往的空间。在庙会、农村物资交流大会上，邻里亲朋之间相约赶集、逛庙会、逛交流会，大家一起喝茶、聊天、看表演、购物，加深邻里亲朋之间的感情认同。集市还是农村青年相亲见面的好去处，农村青年既可以在闲逛的过程中了解彼此，也可以由双方的亲属看看未来的女婿或儿媳是否中意，如果双方感觉合适可以继续交往，如果感觉不合适集市散时各自回家，大家都不觉得尴尬。农民群众交流互动致富是一个必谈的话题，"爱心超市"是新鲜事物，购物不用现金，而是用爱心积分兑换，农民群众交流切磋获取爱心积分的经验时总是格外兴奋。

案例 3 - 9　爱心超市

陕西镇安县西口镇的"爱心超市"是政府整合帮扶资源，有效发挥捐赠物资的激励作用，为群众搭建的救助平台。2019年，全镇所辖的 10 个村，全部建立"爱心超市"，设立"爱心积分卡"，按照家庭美德、遵纪守法、环境卫生、配合工作等方面制定积分评定细则，当积分达到一定值时就可以在"爱心超市"兑换相应物品。年终根据积分情况进行表彰，激励积分高的，教育积分低的。每月积分低于某指标则进行教育，屡教不改者，暂停享受相关涉农政策待遇。

同时，乡村集市也是各民族之间情感交流的重要场所，在西北地区特别是少数民族和汉族混居的地区，以集市贸易、物资交流的经济职能为纽带，长此以往各民族之间接触更加频繁，许多群众能够使用两种民族语言交流，民族之间的隔阂在社会互动中逐渐减少，彼此产生肯定，相互产生认同，组成生活习俗相互融合的共同体（周智生、张重艳，2011）。新疆乌苏市头台乡基层宣讲员 XXJ 认为："各民族的心就要像一盘'馓子'（油炸面食），只有紧紧围在一起，才能越码越高。"

作为"赶集者"社会化的空间，西北地区乡村集市在整个社会系统中与群众生产生活密切联系，集市贸易表现出商品跨地区的流动性，集市辐射的范围已经超出各族群众的"生活圈"半径，集市交易的主体有两个或者更多地区的人，他们基于地缘、业缘和亲缘关系构成了交往和交换关系，互动更加频繁。在集市上互动，无论是从民众还是商贩的视角看，都是生活的一部分，商贩参与集市贸易既是职业性的，也是基本生活需求；民众参与集市贸易既是业余性的，也是派生的生活需求。在现代化的过程中随着生产、生活和交往的社会化，信息、交流、闲暇的需要日益多元，群众社会互动空间不断扩展，然而集市依然是群众贸易、娱乐和交际网络中的节点，是他们生活世界的一部分。人们在集市的交易、聚会、沟通创造了一个公共空间，发挥着经贸往来、文化交流、关系调适和社会整合的功能（尹建东、吕付华，2018）。在乡村集市上，对群众的社会化过程以"扬善除恶"行动得以规训，促进农村社会治理，弘扬公平正义的社会风貌，例如，陕西镇安县的扫黑除恶教育，青海久治县的巡回法庭。

案例 3-10 法治宣传教育

陕西镇安县茅坪镇在镇广场举行"深化扫黑除恶专项斗

争"法治报告暨文艺会演活动，有舞蹈《欢庆》、花鼓戏《聂焘》选段、歌伴舞《中国新时代》、小品《扶贫前后》、渔鼓说唱《镇安美名传四方》、歌伴舞《壮丽航程》等节目，并将扫黑除恶专项斗争知识贯穿演出过程互动环节，通过更直观、群众更喜闻乐见的方式，号召广大群众积极参与，让扫黑除恶工作更加深入人心。同时，在镇广场中心，县红十字会、县医院、博爱医院开展了"送健康"义诊活动，医生解答群众咨询的问题，并且给群众免费发放常用药品，医生对群众的日常保健、常见病、多发病的预防和药物服用方面进行指导，帮助群众掌握最基本的健康知识和技能。

案例 3 – 11　巡回法庭

青海久治县地广人稀，牧区乡镇之间相距甚远，"巡回法庭"深入牧区乡镇、校园，利用牧民群众到乡镇交易物品的机会，向牧民群众发放《汉藏对照诉讼指南》《立案诉讼指南》《牧区调解案例选编》等常用汉藏法律知识宣传册。根据当地的民情风俗，法官运用双语、讲法律小故事的形式，用通俗易懂的语言给牧民群众讲解民法、刑法等法律法规，起诉、上诉、诉讼费用、诉讼风险等基本法律知识，使牧民群众学法用法，增强依法维权意识，将群众争议的解决引导到法治的轨道上，从而维护牧区民族团结。

乡村集市对"赶集者"的社会化，在边疆地区尤为突出，边疆乡村集市是边疆群众社会网络拓展的公共空间，在西北边疆地区集市，不仅可以实现商品之间的交换，还可以实现人力资源信息的交流。对于居住在边疆集市周边的群众来说，集市是寻找工作机会的最佳场所，借助血缘、地缘以及业缘关系获取工作很容易，有时候也会通过亲戚朋友介绍，到彼此的区域打长工或做临时工，这也是寻找工作的策略性选择，跨界务工已经成为他们互动的有效形式。费孝通（2018）指出，市场强烈地影响着生产，并导致了各方面的变化，这些变化不仅仅局限于人们的经济生活。可见，边疆乡村集市不仅仅是边疆群众经济互惠的有效形式，也成为文化交流的有效机制（杜朝光，2014），这种沟通交流有助于边疆地区的和谐稳定，促进边疆地区农村社会发展与社会治理。另外，边疆乡村集市也是传播民族特色产品和跨境交流的重要场域。西北地区边疆乡村集市在商品贸易的同时，也成为民族特色产品跨界交流的重要场所，在这里可以买到独具特色的外套、帽子、靴子等民族工艺品，边疆群众的语言中汉语词汇与民族词汇夹杂使用，在谈笑风生中或互相分享日常生活中的趣事，或分享本民族特色节日的盛况（陈嘉欣、张子龙，2020）。边疆乡村集市的异域特色拓展了边疆群众的社会网络，促进了边疆乡村集市的长期稳定发展和有序进行，推动了边疆地区农村经济社会发展。

第三节　乡村集市推动农村社会治理的因素分析

一　促进公共服务建设

西北地区山峦重叠、村落分散、交通欠发达，乡村集市基础设施薄弱。有些集市商铺是平房，有些集市搭建的遮阳板破败，有些集市货物摆放场地还是黄土或砂石地，有些集市消防通道被占用或封堵，有些集市网络通信不完善，等等。乡村集市运营秩序混乱，农民群众、商贩挤占公路经营现象十分常见，每逢"集期"，交通堵塞，交通事故频发。在偏远地区集市，抽签、看相、电脑算命、测名字等现象时常出现，有些社会人士或社会组织以送科技、文化、医疗为名推销产品，扰乱正常的市场秩序。乡村集市环境卫生问题多，垃圾、污水、污物乱扔乱放，食品与生活用品混合摆放销售，成为传染病滋生的温床。集市上商品质量参差不齐，其中不乏"三无"产品、假冒伪劣产品、高农药残留果蔬、城市淘汰电子产品等。

　　乡村集市公共服务体系不健全。一方面，教育资源布局不完善，虽然乡镇集市周边学校一般是该地区的中心学校，教育资源比农村学校优越，但是相比城市学校还是有很大差距。在硬件建设方面，城乡统一标准建设农村幼儿教育、基础教育校舍及教学设备，均衡布局优质学校资源，在自然条件特别差的地区，在乡村集市周边建立学校，并将农村薄弱学校纳入城市优质教育集团管理服务体系。在软件建设方面，以"互联网＋教育"建设为契机，建立优质课程共享机制，建立城乡教师轮岗机制，通过职称评审、评先选优鼓励优秀教师定期到农村学校任教，通过城乡教师共同培训学习，提升教师队伍素质。另一方面，社会保障、医疗卫生事业布局不完善，近年来西北地区农村通过国家财政补贴、乡村振兴政策等机制，逐步建立城乡统一的基本养老、医疗保险、低保户待遇，并在乡村集市周边建设便民社会保障服务点，在某种程度上满足了农民群众的需求。但是，在牧区和深山区，便民服务点太分散，有些牧区行政村距离乡镇集市便民服务点很远，自然村就更远，不利于群众便利生活。乡镇卫生院一般是在乡镇政府所在地，也是集市所在地，方便农民群众看病就医，然而乡镇卫生院医疗水平落后，并且服务意识差，加强农村医务人员队伍建设势在必行，具体措施包括扩大大学生、研究生定向培养规模，定期选送乡镇卫生院、农村卫生室医务人员到知名医院学习交流，建立城乡医院对接一体化机制，推进远程医疗，鼓励知名医生到基层医院定期诊疗。

二　推动民生事务发展

　　乡村集市承担着农村与城市之间的连接转运功能，然而"转运"还处于初级层次。集市的功能之一就是维系集市正常贸易运行的经济功能，集市是一个商品交易场所（王晓宇，2019），西北地区农村生产的农副产品，如粮食、肉类、蔬菜、手工艺品、土特产品等通过在集市集聚，运往城市，满足城市居民所需。城市中的各种商品，诸如工业产品、现代信息技术产品、日用百货等也通过集市的中介作用传入农村地区，满足农民群众的生产生活需要。实际上，集市进行物资调剂的过程，也是农村与城市社会之间的互动过程。集市是农村商贸流通的重要环节，是加快国内循环的重要抓手，但是集市作为桥梁将分散的、小规模经营的农民家庭与结构复杂的大型市场连接，将农民群众生产的农副产品实现空间转移，这些功能没能充分体现。

乡村集市是农村与城市社会联动发展的重要载体，然而城乡社会联动是隐蔽的、微观的，常常被政府职能机构所忽视。集市承担连接农村与城市商品的输入与输出，商品供求信息的传播与扩散的功能。在农村，乡村集市可以直接或间接改善农村经济结构，调节和引导农业生产类型，使得农民的生产，特别是商品生产满足城市需求；在城市，工业品的生产特别是满足日常生活所需的轻工业产品，要符合农村的需求类型、花色、款式要易于被农民群众接受，这样，才能使农村与城市的生活连接更加紧密，从而推动农村与城市的社会互动。乡村集市的形成和发展依赖特殊的地域结构、地理环境，在那里，农民群众的生活相对封闭，形成了农村特殊的生态类型和生计模式。农民群众对日常生产生活资料的需求，通过集贸交换，互通有无，彼此交流，形成了相互依存、互惠共生的交流场所，共同构成了集市贸易的市场结构，从而推动农村社会的发展（周智生、张重艳，2011）。

三 促进窗口功能健全

乡村集市是农民群众了解外面世界的窗口，可以拓展农民群众的社会网络空间，促使农民群众改变生活方式，推动农村社会治理，实现乡村振兴。然而，地方政府更多地将其视作经济贸易场所，忽视了其社会治理的功能。随着农村社会发展赶集的人越来越多，有居住在周围几十里范围的农民群众，有从县市甚至外地赶来做生意的商贩，还有慕名而来的参观旅游者，这些"赶集人"都是集市互相连接的因子。在集市上，乡亲之间、本地人与外地人之间、买卖者之间互动不断，相互传播信息，农民群众的视野开阔了，知识丰富了，思想活跃了，年轻人想走出去打拼，有创业意识的农民群众找准商机开始做生意，如此这般，便可以带动农村经济社会发展。地方政府不仅要关注集市调剂余缺、平衡供需关系、沟通城乡物品交流的功能，更要关注集市传播先进思想、辐射先进农业技术、繁荣农村文化的作用。

乡村集市的商品贸易、文化活动都是镶嵌于乡村社会关系中的，在传统社会，农村生产生活物资需要从集市购买，农民群众生产的农牧产品、民间手工艺品也需要在集市销售，通过商品贸易形成农民群众与商贩之间的社会互动，集市自然而然成为农民"开眼看世界"的窗口，但这个窗口的大小、窗户玻璃的透明度，影响农村建设主体的视野，进而影响着农村社会现代化进程。乡村集市作为市场经济的末梢，扮演着资源汇集的市场角色，随着国家乡村振兴、城乡协同发展等一系列惠农政策的实施，农村资源被激活，集市更加繁荣，农民群众从集市采购生产生活所需品越来越多，商家销售的产品种类越来越丰富，集市窗口的宽敞明亮，更需要职能机构精心擦拭。

乡村集市的窗口功能不仅体现在商品贸易方面，还体现在农民群众的日常交流交往方面。人作为社会性的动物，具有交往需要，彼此就是对方的一面镜子，也是打开思路的一扇窗户，集市越繁荣，农民群众致富的门路就越广阔。西北地区农民群众从事繁重的体力劳动，在闲暇之余需要一个公共空间调节自己，形成社会的"安全阀"，有助于农村社会治理。集市成为农民群众休闲和拓展社会网络的公共空间，每逢赶集日，人流量大幅度增加，除了购买日用百货等生活必需品外，农忙之余逛集市成为集市周边农民群众的一种放松方式，一种相互联络交往的良好途径。通过逛集市，农民群众可以获知最新涉农信息，共享就业信息。奔波在各个集市上赶场子的商贩，好似移动信息源，不断接收与传播信息，拓展了农民群众的社会信息网络。

四　促进现代化治理

集市通过文化引导，促进传统文化与现代文化的和谐统一。传统文化是一种情感文化、民本文化，真实展现了原生态的生活面貌，有利于社会有机体的团结凝聚，可以为社会发展带来精神动力；现代文化是一种理性文化，是对现实生活的抽象概括，注重理性的、严谨的科学技术，旨在为推动社会发展提供物质技术的支撑。传统文化与现代文化并不是相互矛盾的，而是和谐统一、有机共生发展的（黄火明，2007）。在农村现代化的征程中，西北地区集市已经成为传统文化与现代文化交融的媒介场所，集市的文化传播功能，促进传统文化在传承的过程中吸收现代文化元素并传播到农村，同时现代文化吸纳传统文化的精髓传播到城市，从而促进农村与城市的社会互动。由于西北贫困地区自然环境的差异和居住区域的地理条件差异，农民群众形成各异的文化特质，在发展过程中也显示出不同的文化模式，通过集市，不同文化模式得以相互碰撞、相互借鉴，增长农民群众的知识，影响农民群众的言行方式，推动不同区域之间的社会互动。

乡村集市除了推动农村现代化外，还推动农村产业现代化，这也是农村现代化需要加强的因素。以集市为基础推动产业聚合转换，增强城镇带动乡村发展能力，调整农业产业结构，发展现代农业。西北地区要推进集约化现代高效农业，将涉农产业作为基础性产业，提升农产品深加工的能力，并充分发挥市场配置对农业的引领作用，促进劳动力从农业中转移出来，从事其他行业。例如，到城镇从事二、三产业，为城镇化提供人口动力；留在农村从事农业集约化现代生产，或者从事与农村相关的第三产业。此外，农村现代化并非易事，需要增加社会投资，保障农村稳定发展，推动更多集市发展成为特色小集镇或者小城镇。近年来，国家粮食保护价格逐步取消，集市作为农民群众粮食交易的主要场所也被商贩压价，农民群众从事农业的收益减少，政府应采取积极措施保障农业稳定发展。

第四节　乡村集市推动农村社会治理的路径选择

一　以集市为场域完善农村社会治理机制

农村社会治理的人文属性。社会治理是国家治理的基础，提高社会治理的智能化水平，彰显了新时代国家对社会治理规律认识的升华，体现了国家治理对社会主要矛盾的正确回应，是社会治理理念的新发展，是新形势下推动经济社会发展的行动指南。农村社会治理是社会治理的重要部分，社会主义现代化建设面临复杂的问题，治理创新的艰巨程度前所未有。进入新时代，西北地区经济、社会、文化及生态建设，取得了很大的成就。但是由于各种原因经济发展缓慢，社会建设落后，特别是广大农村地区群众的生产生活水平低下，农民受教育水平相对较低，思想观念陈旧，再加上居住分散，交通封闭，信息输入与输出并不快捷。中宣部、中央文明办印发了移风易俗、树立文明乡风的指导性意见，但是这项规定约束政府干部、村干部相对有效，农民群众行为只能通过乡规民约来约束，效果不甚明显。乡村人情消费给农民群众带来沉重的经济负担，引发连锁社会问题，例如，举债贺喜、贷款贺喜，导致家庭矛盾频发，有些群众更因此走上贩毒、赌博等犯罪道路。应当以乡村集市为空间场域宣传禁毒工作、移风易俗文明精神，推进农村社会治理。

农村社会治理的自然属性。西北地区社会治理还需要宣传和教育农民群众保护生态，特别是保护水源资源不受污染。社会治理创新特别是农村社会治理创新面临困境，在全方位、立体化、深层次的社会转型时期，在乡村振兴的时代背景下，应从顶层设计和系统部署两方面探寻社会治理体制创新。农村社会治理是从根本上解决"三农"问题的必要手段。在偏远地区，社会治理的一系列事务要围绕乡村振兴展开，由于环境恶劣，青年一代多外出务工，农村

"三留守"群体数量越来越庞大，他们缺乏社区认同感，互助合作的基础减弱，村级组织凝聚力下降，群众政治参与意识淡薄。还有些地区社会治理的重点则是社区治理，由于资源匮乏、发展机会少，农民群众生存艰辛，往往容易斤斤计较，信访机构每天接待大量的群众信访案件、矛盾纠纷案件。因此，建议以集市为空间场域，在赶集日开展法律咨询活动，解决农民群众面临的问题，早发现、早干预、早解决，从而促进农村社会治理。

随着乡村振兴战略的实施，西北地区需要构建共建共治共享的农村社会治理格局。共建就是共同参与社会事业、社会法治、社会力量建设；共治即共同参与农村社会治理，党和政府要推进多元力量参与农村社会治理，补齐结构短板，创新体制机制；共享就是实现广大人民群众的根本利益，共同享有农村社会治理成果。社会主义的本质就是实现共同富裕，发展的最终目的是造福人民，必须让发展成果更多惠及全体人民。以集市为空间场域辐射带动美丽乡村建设，在乡村振兴的战略布局框架下，根据区域资源禀赋结构和农村社会结构的特点，立足革命老区、民族地区、边疆地区的实际情况，聚合内外资源，创新农村社会治理体系。

农村社会治理要提升政策、制度在各领域之间的协同性和耦合性，唯有如此才能增强社会治理凝聚力。一方面，加强农村社会治理的制度建设。党委、政府要有步骤、有计划、有重点推进农村各领域建设。要发挥党委的领导核心作用，统筹布局农村社会治理的政策制度体系，动员市县党委逐级实施。政府是农村社会治理的主导者，要统筹农村社会治理落实的全局工作，同时处理好政府与社会、政府与市场等在农村社会治理中的关系。另一方面，加强法治建设推动农村社会治理。党的十八大以来，法治建设迈向新台阶，法治思维、法治方式贯穿社会生活各个方面。以集市为平台，向农民群众宣传法律法规，维护社会公平正义，严格落实国家安全观，维护国家政治安全和社会稳定，化解农村社会矛盾，健全公共安全治理机制，保护农民群众人身和财产安全。

农村社会治理要放在经济、政治、文化、社会及生态建设"五位一体"框架中落实。以创新驱动农村经济结构转型升级，以供给侧结构性改革为主线，逐渐转换经济动能，营造良好的投资环境，促进民营经济健康发展，实现农村经济繁荣；强化生态环境保护，发展生态经济，完善防灾减灾体系，打造天蓝、地绿、水清、空气清新的生态环境，促进人与自然和谐发展；以乡村振兴战略推进教育、医疗、就业、社保、住房等社会事业发展，提升社会治理现代化水平；贯彻党的领导、人民当家做主、依法治国的有机统一；落实精神文明建设，繁荣文化事业，推进文化产业，牢固树立中华民族共同体意识。

二　以集市为场域提高农村社会治理能力

以乡村集市建设为基础，提升农村社会治理水平。政府应当合理规划集市建设，根据资源环境、交通状况、空间地理结构、商品流通特点及人口密度，确定集市的选址和规模，整治集市占用马路、交叉十字路口，影响交通的问题。西北地区集市具有浓厚的乡土性，也拥有现代市场的某些特征。在集市运行中，政府通过宣传教育，提高商品流通者的职业操守、法律意识，促使其依法经营，工商、卫生、公安等机构应加大执法力度，打击假冒伪劣产品、欺行霸市行为，从而规范农村社会治理。乡村集市大多数是在乡镇政府所在地，是农村经济、政治、文化交流中心，应搞好集市文化配套建设。各地有独特的地理优势，有些地区自然环境优美，许多乡村集市依山傍水，可以将集市与村寨结合，发展乡村旅游，增加农民群众的收入，输入新文化、新观念，使其在无意识中参与农村社会治理。近年来，大型互联网企业如京东、阿里巴巴等逐渐向乡镇和农村延伸，政府应加强互联网基础设施建设，优先把集市建成农村物流的节点、农村电子商务的交流平台，提高流通能力，提升农民互联网应用能力和信息化水平，转变生产经营理念，拓展农副产品销售新渠道，通过信息化建设促进农村社会治理。

以乡村集市建设为基础，因地制宜处理农村社会矛盾。随着农村社会的发展以及农村教育水平的不断提高，西北地区集市信息流通逐渐加强，农民获取的信息增多，民主意识不断增强，村务公开、信息公开成为农民的基本诉求。政府应积极引导村委会公平公正服务农民群众，保护农民权益。转变政府职能，有效化解农村社会矛盾，建立政府、市场和社会多元主体合作治理格局，形成三方良性互动模式，摒弃以管制为特征的农村社会控制型政府职能，向服务型政府职能转变。乡镇政府应从以处理农村社会矛盾为工作重心转向建立农村社会矛盾的预防机制，及时收集矛盾信息，分流排查各种社会问题，促进农村社会稳定发展。

三 以集市为场域加强社会组织协调功能

凝聚多元力量参与农村社会治理主体的共识。农村社会治理强调治理主体全过程、全系统的多元参与，需要政府主体、市场主体、社会主体共同凝聚在社会主义现代化建设的目标下，在个人利益和公共利益的平衡中秉持公共精神，在追求公共利益和恪守公共价值中实现个人利益。市场对资源进行有效配置满足社会需求，追求利益最大化的过程中会实现更多群众的福利。农村社会治理模式从依靠全能政府管理一切，向有限政府转变，降低政府农村社会治理的成本，形成多元主体协同、协商、合作治理的共识。

动员多元力量参与农村社会治理主体的责任。一方面，厘清政府、社会组织以及农民群众在农村社会治理中的责任，政府应动员西北地区的各族群众参与农村社会治理和农村社会建设；同时动员各种社会组织参与农村社会治理，社会组织包括社会团体、民办非企业组织、各类基金会、农村专业经济协会，上述过程要有组织、有程序、有计划地推进。另一方面，农村社会问题的形成原因错综复杂，诸如政策执行的错位、经济发展的滞后、制度与地方性知识不兼容等。政府应鼓励社会组织根据地方性知识解决农村社会问题，应用村规民约、新型乡贤调解、社区自我治理、社会文化活动感染等方式，形成社会力量影响下动态的反馈机制。同时也要注意公开透明吸纳社会人力资源和物质资源为社会建设提供帮助。动员市场资源参与农村社会治理，发挥市场在资源配置中的优势，允许企业参与社会治理并获得一定的利益。企业参与社会治理可以充分体现企业的社会责任和社会价值，相关部门应赋予企业相应的社会荣誉。

协调多元力量参与农村社会治理主体的关系。政府要协调动员各方资源共同行动，综合运用多种措施解决农村社会问题。要利用资源优势，整合民政、公安、司法等政府职能部门在农村社会治理中的作用。社会力量利用灵活机制优势参与农村社会治理，使用经济、政治、法律、教育等各种措施缓解农村社会矛盾。构建体制内机制与体制外在社会治理方式、手段之间的统一协调，更新观念。推动多元主体合作治理农村社会，形成良性互动协调模式，实现社会公共利益和公共价值最大化。农村社会治理从以处理社会矛盾为重心，向构建社会矛盾的预防机制转变，及时收集矛盾产生的信息，分流排查。政府以公共服务的均等化为目标，提供符合农民群众利益需要的公共服务。

四　以集市为场域引领农村社会治理

农村党建助推乡村振兴，促进农村社会治理。加强农村干部队伍建设，西北地区农村要选好村党组织班子，农村党组织是乡村振兴的核心力量，也是农村社会治理的坚强堡垒。农村党支部书记要从农村致富带头人、技术能手、产业带头人、复转军人中选择，并将政治立场坚定、工作责任感强、关心乡村振兴事业的党员选举到农村党支部队伍中。加强农村领导班子知识更新教育，结合实际情况，充分利用党校、农技推广学校、集市文化广场、乡镇就业创业基地等场地，利用赶集日将全乡镇的村干部召集起来，邀请农技专家、驻村干部等给村干部培训，提升村干部带领农民群众发展农村经济的能力，从而推动农村社会治理。构建党建引领农村社会治理的工作机制，强化县、乡镇、村党组织负责人抓党建促乡村振兴责任制。

完善农村党建工作，治理农村社会问题。完善党建工作例会制度，确定农村党员例会时间。党委书记、村支部书记履行党建工作"第一责任人"职责，通过党建会议，为农民群众解决生活中的难题，推动农村发展，引领农村社会治理。加强党员学习培训工作，西北地区农村党员学习培训工作相对较弱，一方面，西北农村地区经费短缺，有限的党员活动经费常常被用于购买党员学习资料、党建读本，党员集中学习培训机会很少，特别是到经济社会发达的地区接受培训的机会更是极其稀少，致使农村党员通过培训接受新思想的机会相对匮乏。上级政府应该通过专项资金的方式，拨付农村党员异地培训经费，分批次、分类别对农村党员进行培训。另一方面，农村党员忙于生计，在繁重的农业、牧业工作中，村党支部要挤出时间开展党员学习培训，可以有重点地实施短期、中期和长期培训规划，方便农村党员实现个人利益与公共利益的相对平衡。做好发展党员工作，农村发展党员坚决禁止家族化、友情化，乡镇党委要做好发展农村党员的入口关，积极吸纳有志于农村发展、思想觉悟高、群众威信好、专业技能强的群众为入党积极分子。发展农村党员既要注重农村基层党组织的推荐，也要通过驻村干部考察，将优秀群众吸纳到党组织中来，起到模范带头作用，引领农村社会治理。

五 以集市为场域促进农村社会互动

西北地区集市结构体系较为复杂，集市上的商品销售者、商品购买者、集市管理者、闲逛者、旅游者等都对乡村社会的整合有着非常重要的影响。以集市为纽带，无论是集市贸易双方还是游离在集市贸易之外的人，都以地缘关系、血缘关系、业缘关系等为动力源泉，突破固有的时间、空间局限，不断重构着集市贸易下的社会关系运行体系，维系各群体之间社会互动交往与经济共生互补（杜朝光，2014）。无论是维系经济平衡还是维系其他因素的规范，集市都会促进社会结构、文化结构不断发生变化，并在变化中构成空间交换体系，形成各民族群众都认同的文化结构模式。

乡村集市作为群众社会互动的场所，可以促进农村社会治理。在集市上，各群体互动交流的过程中，原有的种种边界被打破，在交流交往中缔结新的社会关系和信任网络，支持现实生产、生活的需要。集市为群众提供了商品贸易空间、文化娱乐空间、信息交换空间、情感交流空间等不同维度的空间，每一种空间场域都参与构建了乡村社会的互动交流。在集市上，不同群体之间的交流与碰撞，使得他们的社交边际在不断扩大，输入与输出的信息不断吐故纳新，精神文化生活更加丰富。作为跨越地域的交换、交易、交流空间，乡村集市成为当地极具影响力的场所。

乡村集市有助于政府推动农村社会治理。集市涉及不同区域群众的参与，人口和物资的流动带有不确定性，故而集市的管理具有许多不确定的因素，需要政府通过有形的图片文字宣传和无形的文化熏陶。集市不仅是附近群众生活资料的补给站，也是一个社交平台，有助于政府有效维持秩序，集市更是维系区域人民友好关系的有力纽带（陈嘉欣、张子龙，2020）。

第四章　乡村集市与农村文化建设

第一节　农村文化建设

一　农村文化建设规划

党的十八届三中全会提出构建现代公共文化服务体系和基本建成公共文化服务体系的目标任务，2015 年 1 月，中共中央办公厅、国务院办公厅印发了《关于加快构建现代公共文化服务体系的意见》，明确要求文化服务体系建设的重点在基层。党的十九大报告提出要"坚定文化自信，推动社会主义文化繁荣兴盛"，农村公共文化服务体系建设是实现文化强国战略的重要保证。农村公共文化服务体系建设，是实施文化惠民、文化民生的重要途径，是维护社会公平正义、促进社会和谐稳定的重要保障。党的二十大报告提出"推进文化自信自强，铸就社会主义文化新辉煌"，发展社会主义先进文化，弘扬革命文化，传承中华优秀传统文化，满足人民日益增长的精神文化需求。2022 年 5 月，中共中央办公厅、国务院办公厅印发了《关于推进实施国家文化数字化战略的意见》，旨在到"十四五"时期末，基本建成文化数字化基础设施和服务平台，形成线上线下融合互动、立体覆盖的文化服务供给体系。

进入新时代，随着社会矛盾的变化，人民群众对公共文化产品、基础设施、服务网络、资源配置等提出了新的要求，农村公共文化服务体系建设是实现和保障人民群众文化权益的重要举措。要加强西北地区农村公共文化服务体系建设，对标短板，精准施策，提高公共文化服务标准化均等化，促进各族人民共享文化改革发展福利。

西北地区农村公共文化服务体系建设依托文化信息资源共享工程，进入全面推进、重点突破、综合提升的快车道。宁夏提出"文化强区战略"，持续推进公共文化设施向基层进一步延伸，基本实现南部山村公共文化全覆盖，支持文化企业做大做强。陕西提出"建设彰显华夏文明的历史文化基础"，加强农家书屋、农村文化活动室、书香三秦建设。甘肃提出完善县级图书馆、文化馆、乡镇文化站、农村综合文化服务中心或乡村舞台建设。青海提出文化惠民工程、广播电视村村通升级改造、乡镇文化站和农村文化服务中心改造，促进文化与旅游产业融合发展。新疆提出建设科教文化服务中心，加强文化对外交流。西北五省区为落实国家文化数字化战略，积极行动。陕西搭建文化旅游数字平台，依托微信、抖音等新媒体，推送"陕图讲坛""陕图公益课堂"。甘肃通过"宅家游丝路""如意甘肃""微游甘肃"等云平台，打造网上旅游推广枢纽和阅读新平台。宁夏依靠"炫彩60秒"短视频、"经典故事·精品线路"，向全国"晒"出当地风土人情。青海利用抖音、快手、微博等新媒体推送刺绣、唐卡、藏毯、美食、戏曲、舞剧，宣介大美青海。新疆依靠"天山南北贺新春非遗年俗展""新疆是个好地方"等推介平台，展示当地非遗、民俗、自然文化（李兴文、马廷旭，2023：66～69）。

二　农村文化建设实践

2017年宁夏实施文化惠民工程，推进文化进万家、全民阅读活动，每年送戏下乡1600场以上，群众文艺会演1500场以上，并组织农村放映电影4万场以上，赠送图书60万册。推进606个村综合文化服务中心建设，组织广场文化活动，丰富群众生活，例如，"清凉宁夏""湖城宁夏""农民艺术节""彩色周末"（王福生等主编，2018：66）。2018年，宁夏举办第二届"乡村读书节"，筹拍了《山海情》《这一道沟，那一道梁》等农村题材电视剧、电影，举办社火大赛、第三届秦腔节等众多文化活动。2019年，宁夏推进移风易俗宣传，加强红白理事会活动，按照县区、乡镇约定倡导的结婚彩礼、红白喜庆事宜，结合农村经济社会发展水平，以村民代表大会的形式进行规范约束。2020 年，宁夏开展"我的脱贫故事""我的扶贫故事"等"群众讲故事"系列巡回宣讲，激励群众巩固脱贫攻坚成果。面对突如其来的新冠疫情，宁夏 120 个乡镇 930 个村的 6000 个音柱、4000 余个"大喇叭"、50000 个入户音响，定时播讲防疫知识，发布疫情信息（《宁夏日报》2020 年 2 月 21 日）。

2017 年，甘肃乡镇文化站达到三级标准，在 4665 个村建设综合文化服务中心，实现"乡村舞台"全省所有行政村全覆盖，推进"文化进村入户暖心工程"农村数字电影放映，每月每村放映一场，群众文化活动在"乡村舞台"和"百姓文化广场"巡回演出。到 2018 年，甘肃拥有 113 个国有博物馆、103 个文化馆、103 个公共图书馆、47 个美术馆、1228 个乡镇综合文化站和 127 个街道文化服务中心（王福生等主编，2018：66～67）。2018 年，甘肃实施 1.6 万多个行政村"乡村舞台"全覆盖，促进文化惠民，举办文化科技卫生"三下乡"、"戏曲进乡村"、"戏曲进校园"等活动，从而丰富人民群众精神文化生活。甘肃以文化旅游促进农村发展，同年文化产业增加值达 178.16 亿元，接待国内外游客 3.02 亿人次，旅游收入达 2060 亿元。甘肃深入挖掘红色文化，弘扬民族革命精神，如"南梁精神""长征精神""红西路军精神"等，从而激发群众自强不息、艰苦奋斗建设家园，推动乡村振兴（马廷旭、戚晓萍主编，2020：7～8）。2022 年，甘肃推动实施"春绿陇原·云端盛典"线上文艺展播，组织 700 多场线下文化活动（李兴文、马廷旭，2023：68～69）。

2017 年，青海在 32 个县建立了 847 个农村综合文化服务中心，22 个贫困县配备流动文化车，全省 600 个行政村 30 个业余剧团、演出队配备演出设备，为全省 4169 个行政村（牧）家书屋补充新图书。推进"文化进村入户"工程，文化团队基层演出 2221 场，

200 多万人次观看演出，丰富了群众的文化生活。截至 2018 年，青海有文化馆 55 个，公共图书馆 49 个，博物馆 37 个，乡镇综合文化站 366 个，村级综合性文化服务中心 2465 个（王福生等主编，2018：67）。2018 年，青海打造乡村旅游示范村 5 家，实施旅游产业扶贫项目 50 个，培育乡村旅游创客基地 3 家，开展"送戏下乡"活动，赴基层演出 2917 场，为 20 个贫困县（市）文化馆各配发 1 辆流动文化车（青海地方志编纂委员会编，2019：292～293）。

2017 年，新疆在 8593 个行政村每月放映电影一次，开展"百日广场文化活动""百姓周末大舞台"等群众文化活动，以"热爱伟大祖国建设美好家园""民族团结一家亲"为活动主题，满足群众的文化生活需求。新疆开展演出 600 多场次，受益群众 300 多万人次，为南疆四地州地区部分县市配发流动文化车 20 辆（王福生等主编，2018：67～68）。2018 年，新疆文化惠民依托"百姓周末大舞台"、"访惠聚"、"四个一批"、"三区"（边远贫困地区、民族地区、革命老区）文化援助项目和"我们的中国梦——文化进万家"活动等平台及传统节日演出活动。2022 年，新疆进一步推进"文化润疆"工程，促进各民族交往交流交融，铸牢中华民族共同体意识。

2017 年，陕西组织"第八届陕西省艺术节群星奖"评选活动，等文化活动。同年，陕西每村每月放电影一场，共放映 32 万场次，参与"中国民间文化艺术之乡"创建活动（王福生等主编，2018：65）。2018 年，陕西建成 1.6 万多个基层综合性文化服务中心，共为全省 62 个文化馆配送流动文化车，为 2000 个村级文化活动室配送文化活动器材。开展"我们的中国梦——文化进万家惠民演出活动"，让基层群众"有戏看、看好戏、看大戏"，演出 1346 场，涉及 170 个剧（节）目。陕西省加强黄帝陵文化园区建设，实施黄河文化遗产体系保护。2019 年底，陕西建成村或社区基层综合性文化服务中心 19652 个，能够较好地将文化服务送到群众门口（丁守庆主编，2021：100）。2020 年，陕西推进"大喇叭"文化宣传疫情防控，共有 53 个县 1602 个行政村 10389 个大喇叭终端，按照地方政府的要求播放疫情防控宣传引导信息（李向红，2020）。

第二节　乡村集市推动农村文化建设案例解析

一　农村文化酝酿

西北地区农民群众的生活建立在血缘、地缘关系基础上，对地域观念有很强的社会认同感，相同地区的群众同质性较强。农村文化的形成建立在当地群众的民俗风俗习惯、风土人情、人文地理结构基础之上，再融合经济社会发展水平，形成了独特的文化形态。

案例 4 – 1　哈拉直沟民间文化

哈拉直沟乡位于青海互助土族自治县东南部，距离县城有36 公里，政府以乡镇集市为中心构建基层文化服务体系。在节日和农闲时节组织文化艺术系列活动，如戏剧会演、农民歌手比赛、民间团队展演、视觉艺术展示等，同时创建农村图书室、农家书屋，并在全乡 13 个行政村范围内实现全部覆盖。

乡村集市具有很强的地域性，是展现农村文化的重要平台，赶集的大多数是周边十里八乡的群众，而赶集本身就是一种特殊的农村文化形态，赶集者有两种类型：一是为交换物品，购买生产生活必需品而赶集；二是没有任何目的，就是去集市上闲逛，也就是为赶集而赶集。乡村集市既能够丰富农民群众的物质文化需求，也能够通过信息交流和情感交流丰富农民群众的精神文化生活。赶集已经成为农民群众生活的一部分，赶集作为一种特殊的文化形态已经超过赶集本身的意义。赶集或许是农民生活中不期而遇的聚会，而有聚会必定有交流，有交流才有信息互换、言行思维的碰撞，才会期待下一次的赶集，如此往复，形成约定俗成的赶集时间和场所。乡村集市是农村特殊文化形态的酝酿平台，也为其他千姿百态的农村文化再生产提供了孵化基地（汤帮耀、邓菲、周清明，2017）。

乡村集市也是宣传文化教育的阵地。一方面，利用农民群众聚集的机会，在农民群众交换物资、商品买卖的间隙，宣传党和国家的路线、方针、政策，集市上群众之间的议论、交流，能够加深记忆，例如，宁夏六盘山镇的红色文化宣传教育。

案例 4-2 六盘山镇红色文化

宁夏泾源县六盘山镇农历每月"二、五、八"日为赶集日，周边十里八乡的群众前来赶集，进行商品贸易、社会文化活动。六盘山镇因六盘山而得名，六盘山是宁夏、甘肃、陕西交界地带，也是中国工农红军长征翻越的最后一座大山，被誉为"胜利曙光之山"，毛主席曾为此写下了《清平乐·六盘山》诗篇。红军长征纪念馆建在隆德县六盘山主峰上，激励着周边群众艰苦奋斗。2018 年 7 月 18 日，"六盘山红色诗会"在西吉县将台堡红军长征会师纪念碑广场举办，共分"不到长城非好汉""社会主义是干出来的""不忘初心，走好新的长征路"三个篇章。朗诵了《长征组歌》《海风吹绿六盘山》《南湖红船赋》等诗篇，展现了红军长征、闽宁协作以及红船精神，吸引了上万群众参与，激发了群众顽强拼搏、不懈奋斗的士气。

另一方面，可以将宣传文化教育与农村乡土风情、乡土民俗结合，形成新的农村文化，有助于避免宣传文化教育形式单一、内容枯燥的弊端，形成内容灵活多样的农村新文化，甘肃张家川县农村广场舞就是一个以多种形式歌颂乡村振兴新生活的生动案例。

案例 4 - 3 农村广场舞

甘肃张家川县太阳镇推进乡村振兴，建设农村文化广场，自从有了文化活动场地，村里的女人跳得更欢了。现在每个村都有广场舞队，2018 年梁堡村搞春晚，邻近几个村的群众文艺团体也纷纷报名，说要"撑撑场子"凑热闹，整台晚会分时代赞歌、春满人间、筑梦前行三个篇章，包括秦腔、广场舞、快板等参演节目，这些节目都是农民自导自演，唱歌、跳舞、吼秦腔，歌颂党、歌颂祖国、歌颂农村致富新生活。

农村文化建设是乡村振兴的重要环节，农民群众致富既要实现"物质富裕"，也要实现"精神富裕"。应当有计划、有步骤地推进农村文化建设，提高农民的思想道德素质，发展特色民俗文化，传承优秀文化，衍生文化产品（杨佩嘉，2020），乡村集市在某种程度上就是农村文化建设与农村文化衍生产品的载体，更是农村文化与农村经济协同发展的载体。农闲时节，在乡村集市上开展青苗会、祭海会、花儿会、赛歌会、庙会等丰富多彩、积极向上的民间民俗文化活动，可以引领农村文化发展的新风尚。

案例 4 - 4 丹麻花儿会

青海省互助县丹麻镇享有"中国民间文化艺术之乡"的美誉，古朴的民风民俗、众多的民间集会、丰富的民族文化，形成独具特色的人文景观和富有传奇色彩的地域文化。据不完全统计，全县每年举办各种民间文化集会 8 项，各类文化活动 40 余项，全镇非遗传承人共有 6 名，非遗项目达14 项，其中包括花儿、盘绣、安昭舞等。丹麻花儿会是每年农历六月举办的大型文化活动，不仅吸引周边乡镇群众参与，还吸引民和县、大通县以及甘肃临夏州、宁夏海源县等地的花儿爱好者学习交流，参与的群众约有一两万人之多，热闹非凡。花儿会最初是群众祈求丰收、祈求平安、祈求幸福的庙会性质传统集会，后来逐渐演变成文化演出与商品贸易融为一体的综合性集会。

二　农村文化孕育

乡村集市是农民群众看外界的窗口，在集市上，本地农民群众与外地客商交流信息，耳濡目染外界的文化，并不断反思本地的文化，实现本地区农村文化再生产。

案例 4 – 5　农村文化会演

陕西宁陕县江口镇广场 2017 年"七一"前夕，在集市广场举行文化会演，有舞蹈《宁陕人的小日子》、小品《扶贫干部到我家》，群口快板《脱贫攻坚在行动》、歌伴舞《小康不小康关键看老乡》等节目，内容"贴近时代，贴近生活，贴近群众"，为脱贫攻坚一线广大干部群众加油鼓劲，演出过程中穿插知识问答环节，针对脱贫的优惠政策向群众进行了详细的解读。

乡村集市具有周期性、间隔性的特征，繁荣了农村经济、商业、文化。乡村集市使各商家的促销活动有了场所，搭建了农村商业文化再生产的平台，促进了物品流通。首先，应以民族地区特色文化产业为主线，挖掘丰富的民族民间文化资源，开发本土文化产品，积极接洽大型企业和商家，打造文化精品，促进农村集市与国内市场接轨，把文化资源优势转化为地区经济发展优势（韩官却加，2012）。其次，在农村现代化发展的同时，利己主义、消费主义、拜金主义等一些不良思想冲击着农村文化，导致部分农民精神空虚。应加强集市的空间场所对农村文化再生产的塑造，建立乡村经济秩序，重塑农村商业文化。最后，应加强农村文化消费市场的有效管理，有步骤地通过文化硬件设施的建设和投资，营造健康、浓郁的文化氛围。对农村文化消费的管理应该以集市的管理作为突破口，树立积极向上的农村文化消费理念，建立健全法律文化建设，满足群众不断增长的精神文化需求（岳天明，2004）。

文化是一个国家、一个民族的根系和灵魂，是凝聚广大人民群众的重要力量。根据区域文化发展的现状，鼓励传统文化产业向"专、精、特、新"方向发展，有计划、有步骤地推进农村经营性文化发展或许是有效尝试。农村经营性文化面向农村和农民群众，包括文艺会演、出版发行、印刷复制、影视创作、广告、文学作品等。农村经营性文化和农村公益性文化的社会功能、预期目的是一致的，不同点在于组织方式和运行机制（仝双印、陈国实，2007）。农村经营性文化的特征包括三个方面。一是经营方式的营利性。通过开发农村市场，为生活在农村地区的群众提供有偿文化产品服务，例如，农村文化演出、影视作品播放等，获取一定的经济效益。二是文化产品的娱乐性。涉农文化产品要与群众的文化水平相契合，文化活动要通俗易懂，有很强的趣味性，采用农民群众喜闻乐见的形式展现。三是文化产品的教育功能。包括经营性文化在内的任何文化都要符合时代精神，传播积极向上的正能量，让农民群众在嬉笑中消费经营性文化产品，获得一定的启发或教育。西北地区利用乡村集市开展文化活动，让农民群众自编自演的小型文化节目与政府或演艺公司举办的综合性文化活动协同发展，在文化节目中潜移默化地融入爱国主义、民族团结、集体观念等中华民族共同体意识教育，构建健康文明的社会新风尚。

随着社会经济的发展、国家乡村振兴政策的落实，西北地区农民群众的物质生活水平得到很大的提高，需要更加丰富多元的文化产品，农村经营性文化产品在市场经济的驱动下获得广阔的展现空间。一方面，农村经营性文化产品通过线上虚拟空间（主要是手机），与消费者见面，其中虚拟支付方便了消费双方；通过线下实体空间（主要通过乡村集市的各类演出），将产品以售票形式卖给农民群众。另一方面，农村经营性文化产品的发展能够创造更多的农村就业岗位，拉动市场经济发展，创造可观的经济效益，能够繁荣文化事业，搞活文化市场，开阔农民群众的视野，带动农村更好更快地发展。青海省互助县丹麻镇党委书记 QDM 介绍："青海省海东地区历史文化资源丰厚，是河湟文化的核心承载区域，丹麻镇坚持走文化治镇、文化兴镇、文化强镇之路，把丰富群众文化活动、培育土族民俗文化产业作为推动该镇经济社会发展、促进乡村振兴的重要举措。"

农村经营性文化产品发展能够挖掘贫困地区丰富的自然文化资源、民俗文化资源、农耕文化资源等，并且利用多方投入，建设风情旅游、特色文化演出甚至影视城，推动当地农村经济发展（汤宇华，2012）。能够弥补公益性文化产品的不足，既能缓解政府提供文化产品的压力，又能推出多方面、多样化、多层次的文化产品，增加农民群众选择文化产品的类型，满足农民群众丰富多彩的文化生活需求，进而推动社会主义文化建设。

三　农村文化融合

农村文化在乡村集市上衍生出新的文化形态。集市是农村经济社会文化运行的主要平台，是农民群众物资交换、商品买卖的重要场所，农民群众在乡村集市上与不同群体沟通交流，可以获取自己所需要的信息。西北地区农村由于客观原因的限制，生活比较封闭，对外界的了解，一方面通过手机、电视等现代媒介，另一方面通过集市上客商带来的信息。乡村集市为生活在欠发达地区的农民群众提供了相对开放的有形文化和无形文化空间，为农村文化建设发挥了重要作用。西北地区的农村文化通过乡村集市与其他区域的经济文化、地域文化、民族文化相互影响、相互借鉴、交汇融合，形成独具特色的本土文化，逐步得到人们的认同和发展并向外传播。西北地区各种农村文化形式，在融合的过程中仍然会保留原文化的特色，而在文化展现形式和文化内容上，则会接受其他文化的有益成分来丰富自己的文化，甚至实现多种文化形态的融合重组，衍生出新的文化形态，例如，西北各地流传的民间艺术、民间工艺在不同地域展演不同的方式。

案例 4-6　多元文化融合

青海省湟源县有汉、藏、土、回、蒙等 13 个民族，分为东部农业区与西部牧业区，相应形成农耕文化与畜牧业文化，这两种文化并非平行发展，而是相互交往交流交融，在各自发展过程中融合其他文化，形成独具特色的地方文化，如湟源排灯、丹噶尔皮绣、剪纸、根雕、皮影等。其中，湟源排灯是闻名全国的文化旅游品牌，享有"青海民族民间文化艺术珍品"之美称。此外，湟源县有民间社火队 23 支，民间曲艺队 28 支，民间剧团 4 支，民间合唱团 4 支，广场舞团队 18 支，数字电影放映队 4 支。每逢春节、农民丰收节、纳顿节、藏历新年等重要节日，这些民间文化艺人都会走街串巷给群众送上文化盛宴。

农村文化在乡村集市上融合其他文化形成更先进的文化。西北地区农村文化在集市上融合其他文化形成独特的先进文化，深入农民群众的日常生活，先进的农村文化能够抵御腐朽落后文化侵占农村文化市场。人是需要文化滋养的，文化可以对人的修养、气质、眼界、能力、思想等各个方面产生潜移默化的影响。某些农村地区出现的打架斗殴、聚众赌博、高额彩礼、红白喜事大操大办等不良现象，都是封建落后思想在做祟，这与缺乏先进的农村文化教育有相当大的关系。农民需要先进文化，先进文化不仅是一种精神消费，也是一种精神投入，例如，"农民故事会"让老百姓讲述自己的故事。

案例 4-7　农民故事会

宁夏彭阳县交岔乡 2016 年至 2018 年连续三年在集市旁边

的广场举办"民族团结杯"系列活动，开展书法绘画、赛牛会、篮球赛等，展示本乡风土人情、可口食品等，所辖各站、所、学校、村的广大干部、职工、农民群众积极参加。交岔乡2018年"农民培训教育年"活动采取致富户现身说法形式，开展"农民故事会"等活动，乡级范围内共表彰奖励光荣户、发展奋进户65名，推选县级表彰21人，市级表彰2人。建好用好新时代农民讲习所，分类开展培训，开展各类宣传教育120余场次，参与群众达到3500余人次。2019年举办"迎新春"农民歌手大赛暨环境卫生大扫除行动表彰大会，在乡文化活动广场举行。农民群众踊跃报名参加，展示了积极向上的精神追求和健康文明的生活方式，最终奖励了10名农民歌手、100户"卫生整洁之家"、10名"优秀保洁员"，并对61户"卫生后进户"进行了通报批评，要求限期整改。

在经济社会发展过程中，文化能使农民群众视野开阔，信息灵通，掌握方法，抓住机遇。"农民故事会"等系列活动讴歌乡村振兴的巨大成就，抒发农民爱党、爱祖国、爱家乡、爱生活的美好情怀，以此激励全乡广大干部群众满怀信心，有效扭转了群众"等靠要"思想，激发了内生动力，满怀希望，继续倍加努力、倍加勤奋。通过各类表彰活动和宣传教育活动，丰富干部群众文化生活，推动移风易俗，树乡风强民风，倡导健康运动方式，推动全乡经济社会文化事业健康发展。

四 农村文化拓展

乡村集市引领与辐射农村文化建设，并将农村文化传播到外界。在集市上，根据区域文化特色、风土人情、民族民俗、经济发展形势、社会发展状况，打造具有西北民族特色、地域特色的优秀文化，推进农村物质文明建设和精神文明建设。西北地区拥有丰富的自然资源、生态资源和人文资源，可以发展"文化赶集"活动

（汤帮耀、邓菲、周清明，2017），借助集市的展示与推动，挖掘生态文化、民族文化、黄河文化、草原文化、酒文化、饮食文化、刺绣文化、观光农业文化、农业采摘文化等资源，通过润色、包装、推送等拓展方式，积极推动乡村旅游、农家乐、乡村自然风光旅游，吸引游客参加文化赶集活动，推动当地农村经济发展，带动地方农村文化建设，满足人民群众的精神文化生活需要，增加农村群众的收入。

案例 4-8 乌恰县耍社火

2018 年春节，在新疆乌恰县文化广场上，十多支社火秧歌队从各乡镇会聚到此激情表演，天气虽然寒冷，但是围观的群众很多，大家热情高涨，有的群众脸蛋冻得通红，用大皮袄包裹，有的群众背着孩子，口中喘着粗气。在全县各乡镇，各族居民群众都在家门口看到了精彩的社火表演。伴着节奏明快的旋律，随着激情飞舞的红绸，表演者将传统社火与少数民族元素相结合，为农牧民奉献节日盛宴，展现出民族团结一家亲、团结和谐促发展的美好愿景。

康苏镇秧歌队队长 KY 说："跳秧歌耍社火表现的就是一种年味，也是营造一种热闹的气氛，它是中华民族的传统习俗。现在党的政策好，日子过得红红火火，虽然天气比较冷，但是大家的内心是火热的。"

在社会发展过程中，城市的现代化程度一般高于农村，城市文化进入农村之前首先要到达乡村集市，然后传播到农村，乡村集市成为连接城市文化与农村文化的桥梁。乡村集市一方面延续本地农村文化、民间文化，另一方面吸收城市文化，实现两类文化的衔接，推动农村文化欣欣向荣。西北地区乡村集市辐射范围有较为固定的村庄，无论是物资交流还是文艺会演，总会吸引前来看热闹的群众，现代文化也潜移默化地传播到农民群众的生活中，从衣食住行到言谈举止，都会受到集市上所见所闻的影响。这样，现代文化传播到农村，与农村原有文化交互融合，拓展了农村文化的发展空间。农村文化建设要重点建设集市文化中心，健全各种文化基础设施、文化广场，打造文化演出团队，开展多姿多彩的文化活动，发挥集市在农村文化建设中的引领和辐射作用（张秀君、张磊，2014）。

案例 4-9 积石山县精神致富

甘肃积石山县积极推进文化资源向乡村倾斜，让群众共享文化发展成果，2018 年在全县 151 个农村和社区建成 106 个乡村舞台，给 82 个村配备了锣鼓、二胡、板胡、电子琴等器材 1300 余件。石塬乡肖红坪村文化广场、文化活动室建成后就成为群众交流致富信息的新平台，也成为群众唱歌、跳舞、学习的理想场所。2018 年春节期间，关家川乡首届农民运动会在何家村举办，9 个乡村 300 多名群众参赛。县艺术团深入农村开展送文化下乡 120 多场次，以群众喜闻乐见的形式宣传致富政策，讲述致富故事，激发群众致富的内生动力，既富足物质生活，又富足精神生活。

文化是综合国力的重要组成部分，是重要的软实力，近年来国家更加重视公益性文化建设，旨在通过农村公益性文化助力乡村振兴。农村公益性文化是由政府或社会组织提供，不以营利为目的、面向农村、面向农民群众的公共文化服务及其相关载体。农村公益性文化作为一项民生工程，是公共文化服务体系的重要组成部分，满足农民群众日益增长的精神文化需求，提升农民群众文化素养，推进农村现代化发展，构建美丽、和谐社会（郑丕甲，2014）。农村公益性文化建设是乡村振兴的现实需要。西北地区由于自然、历史以及社会环境因素的制约，信息封闭，思想观念保守，这种现状潜移默化地影响农民群众的行为方式。这就需要从乡村振兴战略的长远发展要求出发，提高农民群众的科技文化水平，形成积极向上的价值观念。甘肃积石山县主管农村工作的副县长 GJS 认为："文化在乡村振兴中的效果不是立竿见影的，但是文化能够激发群众的意志，使其充满对美好生活的希望，成为其追求幸福生活的精神动力。"

农村公益性文化建设是丰富农民群众文化生活的现实需要。偏远地区许多地方是革命老区、边疆地区，农村公益性文化建设就是输入新的文化、新的思想观念，提高农民群众生活质量。农村公益性文化建设是农村现代化发展的需要，政府应加大西北地区农村公益性文化建设力度，加大农村公益性文化的资金投入力度，划拨专项资金用于农村公益性文化建设。政府应用现代科学技术，诸如农村互联网、手机上网、农村广播电视等，实现农村公益性文化的广泛使用，推出具有地方特色、传统特色、民族特色的乡土文化节目和活动。

农村公益性文化的基本要求是加快构建体现公益性、基本性、均等性、便利性的公共文化服务体系。西北地区实施农村公益性文化建设，要注重凸显社会主义先进文化的正能量，消减农村消极文化的负面影响，支持健康文化，改造落后文化，抵制腐朽文化，为农民营造健康文明的文化氛围（狄国忠，2013）。中央和地方政府对农村公益性文化建设都进行了有益的探索，总结出了诸多可供借鉴的经验。其一，通过政策制度加强农村公益性文化理念宣传。农村发展既要重视经济社会发展，也要重视农村文化建设，政府管理者和农民群众都要了解农村文化建设以及提升农民文化素质对乡村振兴的重要作用。其二，增强农村公益性文化的创新力，吸引农民群众自主参与。西北地区拥有丰富的民俗风俗、乡土风情，鼓励农民群众在农闲时节、逢年过节依据当地的特色文化资源自编自演与农民群众生活息息相关的文化节目，激发农村文化发展的内在动力。例如，组织农民举办耍社火、花儿会、踩高跷等传统娱乐活动，举办歌舞、杂技、曲艺、书画、民俗展览等文化活动。甘肃玛曲县欧拉镇达尔庆村村民 GCM 告诉课题组："今年藏历新年和春节重合，农历大年初一正逢藏历新年，家家户户都会摆满牛羊肉、干果和各类水果，初一在家点上酥油灯，祈祷国家繁荣昌盛，家人平安健康。镇文化广场上，礼炮声此起彼伏，大家在一起唱歌、跳舞，这是红红火火的年，是群众对美丽家乡的热爱，对美好生活的憧憬，如今党的政策好，村里通了自来水，政府支持盖起了新房子，过上了好日子。"其三，完善农村公益性文化可持续发展的结构设计，制定相关法规、政策，用宏观的手段来调控和引导公益性文化的均等化发展。不能因为地方的经济发展程度不同，导致对文化建设的投入不同，政府要通过财政补贴推进农村公益性文化发展（郑丕甲，2014）。其四，构建农村公益性文化建设双轮驱动力量，政府在积极推动农村公益性文化中发挥主导作用，要划拨专项资金支持农村文化建设，满足农民群众读书看报、听广播、看露天电影等基本文化需求。

第三节　乡村集市推动农村文化建设的因素分析

一　自然地理条件因素

西北地区属于干旱、半干旱地区，低温、冰雹、暴雨、沙尘暴等自然灾害频繁。农村地域广阔，人口密度小，农民群众大多依山、依水分散而居，交通条件不便利，很多农村道路还是砂石或泥土路，信息的输入与输出缓慢，城镇数量少并且城镇之间的距离较远。行政村由多个自然村落组成，每个自然村落又包括若干个村民小组，自然村之间距离很远，行政村之间的距离更远。空间距离远导致农民群众的彼此联系较少，虽然现代传媒工具如手机等普及率较高，但是这种联系只是事务性交流。

农村文化基础设施建设如果以村为单位推进，投资大成本高，并且文化资源使用率不一定高，如果易地搬迁，投资建设的农村文化设施几年后可能被废弃，无疑会造成人力、物力、财力等资源的浪费。农民群众的生活时常处于一种自我封闭、半封闭或孤立的境地，特别是中老年群众与外界沟通相对较少。农民群众虽然勤劳、纯朴、真诚、厚道，然而单凭自身的努力很难改变现实生活，长此以往形成一种畏天知命、随俗浮沉的"躺平"文化。"躺平"文化和其他文化一样会深深印记在农民群众的心里，在日常生活中以潜移默化的途径影响他们的行为方式，再加上农村公共文化基础设施有限，农民群众的思维、心理和价值观可能会产生微妙的变化，影响农村文化发展，制约乡村振兴。

二 经济发展水平因素

农村文化建设与农村经济发展相得益彰，农村文化建设水平既是农村经济发展水平的反映，也会影响农村经济的发展。农村文化建设的前提是要有一定的资金支持，主要包括地方政府每年划拨的农村文化建设资金，国家农村文化建设的专项资金，当地企业投资的农村文化设施资金，村集体财政收入中用于农村文化建设的资金。与此相对应，农村文化建设的主体有政府、企业以及村委会，其中政府是农村文化建设的最主要承担者。此外，农业是农村经济发展的支柱产业，工业水平非常低，第三产业发展缓慢，主要集中在民族风情旅游业、交通运输业。西北贫困地区经济发展总量、人均值都落后于全国平均水平，农村经济基础薄弱，农民的收入水平和生活水平较低，决定了农村文化建设的资金来源狭窄，农村文化发展比较缓慢。

农村教育资源相对薄弱，有些教师是中专或大专学历，有些是民办教师转正，知识储备和眼界有限，有些教师一边从事农牧业生产，一边从事教书育人事业，精力投入上不足。在西北地区特别是偏远地区，农村师资流失非常严重，近年来通过农村特岗教师、"三支一扶"等专项计划，农村增加了文化水平相对较高的大学生，但是这部分师资流动性大，能够在农村扎根的只占少数，严重影响了教学质量，导致农村学生学习成绩普遍较差。农村升学率低，很多学生中考或高考失败后，由于生活压力，外出务工，从事重体力劳动。他们中很多人不愿意进入职业技术学院学习，既有职业技术教育本身不足的缘由，也有思想认识问题，例如，经济下行压力下高校毕业生就业更加困难，长此以往，农村劳动力文化素质将难以提高，影响乡村振兴有效推进。

农民群众受教育程度普遍较低，文化需求层次低，对生活缺乏远大理想并且宿命论色彩浓厚，现实的境遇使他们很难改变生活现状，又欠缺放手一搏的精神。典型的表现是农民群众重视物质生活，轻视文化生活，文化生活格调和档次较低，趋向消遣娱乐，轻视发展型、智力型的文化投资。在农村，许多家长认为，未来能否靠读书吃饭是未知数，教育对于子女并非最重要的，孩子会认会写自己的名字和简单的加减乘除运算，外出务工可以算账就行了，这种低层次的文化需求反过来造成低社会地位的恶性循环圈，进而阻碍乡村振兴。

西北地区农村应当在经济发展有限的条件下推进农村文化建设，具体包括：一是农村公共文化，如农村篮球赛、乒乓球赛、社火比赛、农产品丰收比赛等文体活动，增强体质增进交流，提升农民的生活品质并引导农民追求文明健康的文化生活；二是民族特色文化，如吐蕃历史文化、蒙古族那达慕文化、热贡艺术文化、土族安召歌舞文化等，彰显百花齐放、和谐共生的美丽乡村；三是地域特色文化，如红色文化、黄河文化、秦岭文化、高原生态游牧文化等。从传统文化中发掘文化发展的素材、形式、精神内涵，将农村文化建设与农村经济发展结合起来，通过农村文化建设带动农村经济发展。对农村文化市场加强监管，综合运用行政、法律、经济等多元治理措施调控和规范农村文化市场，促进农村文化健康快速发展。健康的农村文化能够提高农民文化素质和修养，转变思想观念和认识，提高科学技术水平，抵御腐朽愚昧文化进入农村。挖掘健康的文化产业资源，并将其做精、做细、做强、做大。

三　社会组织发展因素

在经济社会发展过程中，社会组织灵活多样，具有政府和市场所没有的许多优势，常常在科技、教育、文化、卫生、体育、社会管理、社会福利等方面发挥着重要的作用。在众多的社会组织中，有一部分是涉及农村农业领域的，诸如农村经济合作社、农民互助组织、农民维权组织、农民文化活动组织等。西北地区分散的居住环境导致农民之间缺乏经常的联系，再加上一些主客观因素的影响，农村各类社会组织发展缓慢。鼓励农民群众成立文化活动组织，利用村委会活动广场、乡村集市广场搭建乡村舞台，开展各类文化活动，丰富农民群众的精神生活，增强生活的幸福感、获得感。农村文化活动组织通过一系列的文化节目表演，吸引更多的群众参与，进而增强农村社会的凝聚力，促进群众在生产生活中相互帮助，促进农村经济发展。建设农村文化，提升农民群众的科学文化素养，构建和谐美丽的农村社会。政府应整合农村教育资源，利用村文化室、农家书屋等，对农村文化活动组织给予物质、资金、节目编排等方面的帮助。政府通过宣传、组织、文化、新闻广电、体育、科协、教育等部门形成联动机制，帮助农民群众探索自发式、互动式、输送式、辐射式等文化活动新形式，做到有组织、有队伍、有场地、有设施、有活动，并引导农民群众在文化建设中服务自我、完善自我。

西北地区多民族融合交流形成底蕴深厚的多民族文化，农村文化活动不能忽视农村文化传统的功效和作用，要将传统文化纳入农村文化活动中，要将乡村振兴战略、文化惠民工程结合起来，按照文化本身的内在特性去运行，充分调动农民群众参与。农村拥有丰富的传统特色文化资源，内容涉及传统手工艺、传统服饰、传统饮食、民间风俗等多方面，其中传统手工艺有剪纸、雕塑、雕刻、彩绘、香包、草编、刺绣、陶艺和泥人制作等，传统民间文化包括秦腔、秧歌、腰鼓、庙会、社火等，传统历史文化包括采集、狩猎、游牧、农耕等。农村传统手工艺品拥有较高的经济价值、社会价值，很多是就地取材、就地加工、能耗低、污染少，成立各类民间社会组织，既能够带动传播传统文化，也能够解决就业、增加农民的收入，从而产生一定的经济效益，有助于实现文化富民的目标。

四　公共文化供给因素

中华民族共同体意识具有强大的凝聚力、强烈的民族归属感，是增进民族团结、汇聚民族力量、促进民族交融的精神纽带。党的十九大报告提出，"铸牢中华民族共同体意识，团结奋斗、共同繁荣发展"。中华民族共同体意识是新时代治国理政的创新成果，是政治、经济、文化、社会、生态等多元发展的新理念，是实现中华民族伟大复兴的精神动力。在全球化潮流中，各种思潮相互激荡，直接或间接地消解着人们对共同体意识的认同感。西北地区特别是边疆地区，社会公共服务供给有限，农民群众的生活条件差，容易被一些不良思想侵蚀，通过农村文化建设，可以树立农民群众的家国情怀。中华民族共同体意识是马克思主义共同体思想的继承和发扬，个人的发展不能离开共同体，共同体是人们在共同条件下结成的集体，共同体意识是维系共同体群体性存续的关键因素。树立农民群众的家国情怀，培养中华民族的共同体意识，既需要雄厚的物质力量、丰富的精神力量、完备的制度和法治体系，也需要各民族各阶层人民心理的认同和思想的统一。

在社会急剧变革的转型时期，从传统社会向现代社会转型的过程中，社会分化与社会问题并生。近年来，随着国家乡村振兴政策的实施，西北地区经济社会发展取得了巨大成就，但国家现代化建设在复杂的国际环境中进行，境外敌对势力利用文化传播、社会救助等方式向农村渗透，应加强农村文化建设，提高农民群众的认识水平，树立家国情怀，促进农民群众形成符合时代要求的积极健康向上的精神风貌、道德追求和思维方式，努力维护国家利益、维护国家安全。在社会急剧变革的转型时期，维护社会弱势群体的利益，减轻来自经济、社会和心理的压力，不仅是政府的责任，也是社会的责任。政府、社会等多元力量应关注群众的诉求，研究解决的措施，提出政策建议，建立有效的社会支持系统，促进群众致富。西北地区的发展，既需要经济社会建设，也需要文化建设。应以农村文化建设增进农民群众善良朴实、重情讲义、古道热肠的品格，增强农民群众的家国情怀，把自身对美好生活的追求同国家和民族的前途命运联系在一起，努力为蓝图变成现实贡献智慧和力量。

农村公共文化服务的供给主体主要是政府，市场力量和社会力量参与较少。政府集公共文化服务的供给者、管理者、监督者于一体，但分身乏术，很难为农村社会提供包罗万象的文化生活服务。农民群众的文化生活来源集中于电视、手机，获取文化生活的渠道单一，基本不去图书馆、书店、文化馆以及博物馆，部分农民群众参加几次社火表演已经是少有的文化活动。由此可见，西北地区农村文化活动还处在自发自为的境况，难以满足农民群众多元文化生活的需要，这种单一的文化生活使农民群众容易被网上的非法组织欺骗，也容易被电信诈骗、假冒伪劣产品吸引，既遭受经济损失，也产生负面影响（李少惠、王韬，2008）。

第四节 乡村集市推动农村文化建设的路径选择

一 以集市为媒介优化农村文化建设设施

以乡村集市为基础，优化农村文化硬件和软件建设。基础设施建设是农村文化活动的保障和前提条件，农村文化建设需要以集市为基础，优化基础设施建设。首先，随着对农村文化建设要求的提高，新时代需要以乡村集市为基础，提升农村信息化水平。农村实现了广播电视"村村通"，偏远地区大多数农村建设了文化书屋，但是书屋的规模、图书数量和种类以及图书管理水平有待提升，应推进农业信息化建设，提高农民的科技水平。其次，以集市为基础，优化农村文化设施，吸引更多青年投身农村发展。随着农村社会经济的加速发展，许多外出务工、学习的农村青年返回农村，他们大多在经济发达、文化丰富多彩的地区工作或学习，见多识广，对农村文化建设的要求比较高，现有的基础设施已经无法满足农村文化生活的需求。为了吸引年轻人扎根农村推进农村发展，应完善农村信息化服务站，进一步加强基础设施建设。最后，以集市为基础，保障现有基础设施的运行效率。近年来，政府兴建了文化活动广场，投入配套设施、图书音像资料，但是许多农村文化设施的运行和管理有待优化（汤帮耀、邓菲、周清明，2017）。应该利用节假日、农闲时节举办唱歌比赛、广场舞比赛、手机摄影比赛、手机微视频比赛等农村文化活动，提升农村文化设施的利用率，提高农民群众的生活质量。

以乡村集市为基础，优化农村公共服务体系建设。西北地区由于地方财政资金有限，对农村公共文化活动建设和运行所需要的文化场所投入不足，政府应该划拨专项资金，充实农村公共文化设施的维护和服务经费。农村公共服务体系建设要契合农民群众日常文化需要，方便农民群众使用。农村公共文化服务体系建设是一项综合性工程，涉及诸多职能部门，各级政府要加强农村文化建设项目论证和资金使用监督，谨慎搞大项目、大工程，避免重复建设。提高对农村公共文化服务体系建设的认识，农村发展既要加强经济社会建设，也要加强农村公共文化服务体系建设，两者相辅相成，经济发展使农民群众生活水平提高，对精神文化生活需求增强，自然能够带动文化繁荣，同时文化繁荣能够促进旅游业发展，可以带动农村经济发展，推动乡村振兴。

以乡村集市为基础，加强农村文化安全意识建设。一方面，文化安全是整个国家安全体系建设的一部分，农村公共文化安全是国家文化安全的重要基础，在国家经济社会发展中可以有效地化解潜在的文化风险，抗击不良文化冲击。西北有的地方处于边疆，有的地方是革命老区，有的地方是多民族混合居住地区，由于特殊的地理、历史、人文、社会环境因素，境外敌对势力倾向于从文化方面渗透破坏这些地区，树立农村文化建设安全意识显得非常重要。另一方面，在社会急剧转型时期，农村经济结构在一系列惠农政策的支持下逐步调整，农村社会结构在现代化的进程中正发生改变，开放性不断增强。与此相对应，各种文化在农村并存，既有先进的优秀文化，也有落后的文化糟粕，应避免落后文化干扰农民群众的生活。因此，应以集市为平台，加强正面引导，以农村文化的全面发展来推动和保障国家文化安全，增强农民群众的凝聚力和归属感，维护农村稳定发展，提高农村社会文明程度，促进农村发展。

二 以集市为媒介锚定农村文化建设方向

乡村集市是农民群众聚集的空间场所，要合理引导农村文化建设扶贫，以文化建设推动思想行为建设。乡村集市是西北地区特别是偏远农村地区的经济中心、商贸中心、社会互动中心，更是文化中心。集市是特定区域、特定条件下为满足农民群众的生产生活需求逐步形成的，有的是政府投资兴建的固定场所，有的是自发形成的交易场所。首先，以集市为平台，引导农村商贸文化的方向。有些商贩以假冒伪劣、缺斤少两等乱象扰乱集市，应该运用法律法规加强管理。其次，以集市为平台，引导农村思想意识文化方向。集市是农村信息集散中心，农民群众能通过集市接收到国家关于农村文化建设方面的新信息，然而农村文化建设内涵丰富，农民群众在理解上难免存在断章取义等现象，例如，法律规定保护宗教信仰自由，政府允许适当建造宗教文化场所，但是农村一些地方大量修建庙、寺、院、观，既占用土地又浪费资金，增加农民群众的经济负担，影响乡村振兴。因此，通过集市的聚集功能，对农民群众进行宣传教育、合理引导至关重要。最后，以集市为平台，引导农村主旋律文化发展的方向。西北地区农村文化基础设施薄弱，信息输入与输出不对称，应加强农村文化硬件和软件建设，传播正能量，激励农民群众团结一致搞好农村发展。

乡村集市是农民群众聚集的空间场所，要合理引导农村文化建设，以文化建设推动价值观建设。首先，集市是进行社会主义核心价值观宣传教育的重要阵地。在农村经济社会发展过程中，特别是乡村振兴政策的实施过程中，各种资源不断向乡村下沉，在促进农村发展的同时，要防止各种低俗的、落后的文化进入农村。这些糟粕文化最先进入的是集市，集市是农民群众的聚集场所，也是交流获取信息的场所，应在集市上通过广播、宣传册、宣传画等形式，加强社会主义核心价值观、政策法律法规宣传，确保农村文化建设在正确的思想轨道上运行。其次，以集市为中心，完善农村公共文化服务体系建设。农村经济发展落后，社会发展的现代化程度很低，但是文化资源丰富多彩。完善农村公共文化服务，从内容上看，要契合农民群众生产生活，在政策允许的范围内构建民族文化、公共文化的互惠体系；从形式上看，要建立多样化的农村公共文化服务，将公共文化设施如农村书屋、农村电影放映室、农村信息服务站、农村通信站等建在合理的场地上，方便农民群众使用。在人口稀少的偏远地区，适当增加流动文化服务车和相关设备，建设和完善流动服务网络（孙健，2011）。最后，以集市为平台，积极调整农村文化的消费结构。农村文化消费包括两个方面：物质文化消费、精神文化消费。物质文化消费攀比倾向在农村表现突出。一是农村婚姻消费市场畸形发展，彩礼攀比现象严重，在某种程度上导致农村男性光棍越来越多。二是物质生活攀比，举债建房修房、举债买车，造成农业生产和经济发展的资金短缺，严重影响扩大再生产。实际上，消费结构并不是一成不变的，而是可以引导的，可以通过弘扬积极文化，将那些格调低俗、具有负面影响的文化从群众的消费领域中清除出去。在物质需要得到满足后，满足精神文化需要的比重应逐渐增大，实现文化消费层次的升级。通过农村文化消费结构引导，积极探索文化增收、文化脱贫、文化致富的新途径。

三 以集市为媒介实现农村文化建设目标

完善对农村文化活动主体的治理。乡村集市上的文化活动包括两个方面：常规性文化活动和临时性文化活动。常规性文化活动有固定的活动场所，如影视放映厅、网络游戏厅、台球室、歌舞厅、棋牌室等。政府组织的宣传教育类活动、文化下乡演出，一般在集市附近的文化活动广场举行。临时性文化活动主要是一些经营性质的演出，以营利为目的，组织主体具有不确定性，大多数是知名度不高的文化演艺公司。除了公共性文化活动以外，其余的文化活动大多以营利为目的，在利益的驱动下，经营主体可能会做一些违反管理规定的事情，例如，有些影视厅放映涉黄、涉暴影片，临时性文化演艺公司搞不健康的节目，给农民群众身心健康造成伤害，造成社会不良影响。故而要加强对集市农村文化活动主体的管理，使他们守法经营、规范经营，引导他们放映有启发性的影视作品，即使是营利性演出也要将趣味性和教育性相结合，提高农民群众的文化欣赏水平，传播社会正能量，促进农村健康发展。一方面，规范经营时间、地点。集市上的农村文化活动主体自身素质参差不齐，有些主体只关注获取利益，例如，影视厅高音外放，棋牌室吵吵闹闹，歌舞厅闹哄哄，扰民现象频繁。随着乡村振兴的推进，农民群众物质生活水平不断提高，经济收入不断增加，精神文化生活不断改善，参与文化活动的积极性越来越高，去一些文化娱乐场所活跃身心，是文明进步的表现。这就要求地方政府加强对农村文化活动经营主体的管理，对经营时间、地点科学管理，既确保有兴趣的群众参加活动，也不会干扰其他群众的正常生活。另一方面，加强农村文化活动经营主体经营内容的治理。有些临时性文化活动经营主体为了引起消费者注意，在文化活动中夹杂不健康内容，这给集市文化活动的监管敲响了警钟。文化管理部门应该对农村文化活动的时间、地点、承办主体、活动的具体内容等事项加强管理，促进农村文化活动健康有序开展。

完善对农村文化活动方式的治理。首先，农闲时节组织农业文化知识学习培训。农业生产的周期较长，政府应该积极引导农民群众利用好农闲时节，使农民群众闲暇有所学，所学有用，学习有趣味。管理部门可以集市为平台，组织农业生产技术、劳动技能培训学习比赛，给予一定奖品激发农民学习的积极性，刺激他们的求知欲望。其次，加强农村文化活动的协作管理。农村文化生活包含广播、手机、电视等多种渠道，还有农村电影放映、文化网络建设、万村书库等不同工程，归属不同的部门运作，需要搭建一个协调合作的平台，才能发展成为以集市为中心，集宣传教育、文化娱乐、信息服务于一体的现代化农村文化平台。最后，加强农村文化设施管理和项目检查。建章立制，按时开放以集市为平台的农村综合文化服务站，特别是在农村赶集日，要提前开放和推迟关门，提高使用效率。健全农村公共文化设施管理制度，包括日常使用登记制度、资金管理制度、人员奖惩制度、设施修理维护制度等。健全监督检查机制，上级政府每年对农村公共文化服务项目、活动、经费保障以及政策落实情况进行督查。

四　以集市为媒介加强农村文化建设活力

以乡村集市为平台加强农村文化建设，政府要做好战略规划。西北地区的特点是经济发展滞后，社会开放程度不高，民间社会组织主要是涉农组织，如农村合作社、农民互助组织、农民合作协会等，文化组织发展不健全。农民群众接受外界思想和文化不多，思想观念相对保守，行为方式比较传统。因此，政府依然是农村文化建设的主体，在规划、团队、资金等方面发挥主导作用。一方面，应加强农村文化建设规划。提高对农村文化建设重要性的认识，农村文化建设是乡村振兴的一部分，农村社会的整体发展中文化建设和经济建设同等重要。搞不好农村文化建设，农民群众缺乏科学文化知识，很难应用现代农业科技工具进行农业生产。农村没有先进的文化丰富农民群众的生活，封建迷信、消极思想就会腐蚀农民群众的灵魂，影响农村社会的和谐稳定和持续发展。政府应加强农村文化建设，基层干部要懂文化、重文化、爱文化，贯彻党的农村文化政策。政府结合集市建设，根据各乡镇、农村的实际现状，有目的性、计划性地制定具体落实策略。另一方面，应加强农村文化队伍组织建设。农村文化建设，人是最关键的因素，基层政府的文化工作需要专人专干，要提高文化建设队伍的整体素质，队伍强，干劲足，工作效率就高。最后，应激发市场机制在农村文化建设中的作用，吸引市场资源投资农村文化建设，在政策和法规允许的范围内，使参与农村文化建设的主体获取适当的经济利益。激励农民群众参与农村文化建设，组织成立农村社火表演队、农村广场舞队、农村花儿队等，在农村赶集日择时表演，活跃农村文化生活的氛围。

以乡村集市为平台加强农村文化建设，政府要做好硬件和软件建设。从农村文化建设的硬件看，西北地区的地理条件和人口大分散小聚居的特点，决定了农村文化广场建设必须考虑人口集聚的因素，在每个自然村都建设农村文化广场，投资大使用率低，不是最佳选择，农村文化广场必须建设在集市周围、十字路口附近、人口较多的行政村，作为农村文化阵地建设的龙头，活跃农村文化。从农村文化建设的软件看，文化节目、文化主题需要多元化，以丰富多彩的农村文化服务产品，满足不同年龄段、不同知识结构、不同兴趣爱好的农民群体需求。通过市场机制，引导经营性社会文化艺术团队参与农村文化的创作、生产、经营及服务，为农村群众提供优质的多层次的文化产品和服务。通过政府购买服务的方式，引导社会文化组织承接农村文化服务项目。通过政府补贴服务的方式鼓励农民群众文化团队积极参与各类文化活动演出，实现政府规划农村文化建设与农民群众自办农村文化活动的良性互补。

农村文化建设需要彰显农民群众的内生动力。农村文化建设离不开农民群众，他们生在农村，长在农村，对农村的人文环境、风俗民俗最为熟悉，农村需要什么样的文化，哪一种文化能够满足农民群众的精神生活，都体现在农民群众的言行里。以乡村集市为平台，加强农村文化建设，要积极鼓励农民群众参与，坚持农民群众的主体地位，创造出更多农民群众喜闻乐见的文化产品，举办多种多样的文化活动。目前，农村文化建设呈现供给与需求错位的不合理现象，政府应努力调动多元力量推进农村文化建设，特别是调动农村文化的使用主体农民群众的积极性。换句话说，农民群众没有认识到农村文化建设的重要性，更关心经济建设，希望政府更多投资农村经济发展项目，因此，政府管理部门应采用物质奖励和精神鼓励相结合的办法，引导农民群众参与农村文化建设，巩固西北地区农村和谐稳定可持续发展。

五　以集市为媒介完善农村文化建设领域

在乡村振兴政策的扶持下，西北地区农民群众生活水平显著提高，为建设富强、民主、文明、和谐、美丽的现代化强国奠定了基础。可是，农村文化建设特别是文化基础设施建设取得成就的同时，某些地区农村文化建设实效性不高，农民群众的参与程度有待提高。要将社会主义核心价值观教育有针对性地、巧妙地贯穿于教育宣传活动，构建符合地方历史文化、地域风情的教育形式，实现社会主义核心价值观与农村文化建设的自然融合（杨媚，2014）。

建立合理的农村人情消费结构。西北地区农村婚丧嫁娶随礼、乔迁新居贺喜等人情世故是农民群众生活的重要组成部分，也是农村社会互助的一种形式。农民群众在日常生活中，穿着朴素，饮食结构相对简单，蔬菜粮食大多能够自给自足，夏季食用自己种植的蔬菜，冬季一般食用咸菜、萝卜、洋芋、大白菜等，购买东西追求物美价廉、结实耐用，体现了勤劳朴素的美德。在农村，婚丧嫁娶是人生的头等大事，举办得热闹庄重属于人之常情。但是，近年来农村出现彩礼过高、红白喜事大操大办现象，政府、社会团体、农村协会要通过乡风文明建设，推行移风易俗，抵制大摆宴席、高价彩礼等行为。避免农民群众用于人情消费的资金支出过大而导致积累资金减少，扩大再生产投入不足。

建立积极正向的农村文化消费理念，一方面，构建积极的农村文化消费观，增进社会正能量。在城乡经济社会发展差距的影响下，文化商品自然向城市集中，以获取更大的经济收益，造成偏远地区农村文化供给不能满足群众的文化需求，这就为封建思想和迷信行为的滋生与发展提供了空间，导致腐朽、落后的文化趁机繁衍至农村，干扰农民群众的价值判断，影响农民群众的行为选择。例如，农村集市上的"命相文化"、农闲时节的"赌博文化"和农民病困时的"祷告文化"在有些地方依然存在，影响了农村社会良性运行和协调发展。因此，应建立积极的、科学的生活观念，以文化建设促进乡村振兴。另一方面，引导亚文化群体健康发展。西北地区民族众多，民族文化、民间文化、地域文化彼此融合，逐步形成不同的亚文化群体。这些亚文化群体既受到传统价值观影响，又受到市场利益的趋动，职能机构应加强对亚文化群体的宣传教育，引导他们健康发展，树立良好的精神风貌，以文化建设推动农村经济可持续发展。

以农村文化建设促进社会秩序井然有序。近年来，西北地区农村文化生活在国家支持下不断发展，但是有些地区仍然受到不良文化影响。因此，要建立丰富多彩的农村文化生活，坚决制止聚众赌博、封建迷信等不良文化侵蚀农村传统的文化和淳朴的民风。同时，通过专项行动消除打架斗殴、偷盗抢劫、嫖娼卖淫等扰乱社会秩序的现象，促进农村文化的健康发展，进而推进乡村振兴。

第五章　乡村集市与农村电商发展

第一节　农村电商发展

一　农村电商发展的顶层设计

自从"互联网＋"在全国两会上提出以来，以互联网为依托的电商成为经济发展的新引擎。国家提出实施电子商务进农村工程，加快建立健全适应农产品电商发展的标准体系，国务院以及相关部委出台了一系列文件，积极推进农村电商扶贫，并提出了远景目标预设，农村电商发展进入新阶段。2015 年 8 月，商务部等 19 个部门发布了《关于加快发展农村电子商务的意见》，提出将电子商务纳入扶贫开发工作体系，计划到 2020 年对有条件的建档立卡贫困村实现电商扶贫全覆盖，加快农村电商扶贫基础设施建设，诸如农村交通物流、网络通信建设，创建有利于农村电子商务发展的环境，建立多元化的农村电商服务体系。同年 11 月，国务院办公厅发布《国务院办公厅关于促进农村电子商务加快发展的指导意见》，提出农村电商是转变农业发展方式的重要手段。11 月末，出台《中共中央　国务院关于打赢脱贫攻坚战的决定》，实施电商扶贫工程，决定将"电商扶贫"纳入精准扶贫，提出加大"互联网＋"扶贫力度，主要加强贫困地区基础设施，特别是物流配送系统建设。2016 年 11 月，国务院扶贫办等 16 个部门联合发文，将电商扶贫纳入脱贫攻坚总体部署和工作体系中，要求进一步创新扶贫开发的体制机制，明确电商扶贫的目标、原则、主要任务和保障措施。2017 年，党的十九大报告提出"推动互联网、大数据、人工智能和实体经济深度融合"。2017 年 11 月，全国贫困地区电商扶贫助力精准脱贫经验交流会在湖北竹溪举行，与会代表就电商扶贫模式、扶贫政策、电商扶贫经验等内容进行交流和探讨。2019 年 9 月，国家发改委等四部门印发《关于支持推进网络扶贫项目的通知》，提出扎实推进农村电商发展。

农村电商是脱贫攻坚与乡村振兴的新路径，在农村发展中扮演着重要的角色，成为农村产业转型升级的新动力。2014 年至 2020 年，中央一号文件均提出发展农村电商，国家各职能部门和地方政府积极出台促进电子商务发展的政策法规。《中国淘宝村研究报告（2017 年）》指出，2009 年中国只有 3 个淘宝村，到 2017 年增长到 2118 个淘宝村。根据商务部有关数据统计，截至 2020 年底，国家级贫困县网商总数达 306.5 万家，较 2019 年增加 36.6 万家，增长 13.7%，农村电商脱贫效果显著。

西北地区地方政府积极响应国家电商扶贫以及乡村振兴的政策规划，结合地方资源禀赋和经济社会发展现状，推进符合当地发展的农村电商机制体系。2015 年，陕西省扶贫和财政部门发布《关于做好电商扶贫试点工作的通知》，并在 10 个县区开展电商扶贫试点工作。2017 年 6 月，又出台《陕西省电子商务扶贫工程实施方案》，提出到 2020 年全省所有贫困县和欠发达革命老区达到电商进农村全覆盖，农产品网上销售额年均增长 30%以上的目标。宁夏政府 2016 年 4 月发布了《关于实施农村电子商务筑梦计划的意见》，从七个方面逐步完善农村电子商务发展，包括培育市场体系、人才队伍建设、农产品品牌和质量安全体系、农村快递和绿色通道网络、金融税收和政策体系、新鲜农产品同城配送、农村创业就业平台搭建。2017 年发布的《宁夏回族自治区"十三五"脱贫攻坚规划》将电商扶贫作为农村发展的重要举措，重点加强农村宽带网络连接。甘肃省政府 2014 年 7 月发布《甘肃省人民政府关于加快电子商务产业发展的意见》，2015 年 6 月发布《关于扎实推进精准扶贫工作的意见》和 17 项精准扶贫配套方案，10 月甘肃省商务厅发布《甘肃省电子商务发展规划（2015—2017 年）》，推动甘肃省农村电子商务发展。青海省政府 2016 年 8 月印发了《青海省电子商务和市场体系建设扶贫专项方案》，确定电商扶贫的发展目标，计划 2019 年在所有贫困县推广电商应用，30% 的建档立卡贫困村建立电子商务综合服务点。青海省政府贯彻落实《关于大力发展电子商务加快培育经济新动力的实施意见》《关于贯彻落实"互联网 + 流通"行动计划的实施意见》《关于推进电子商务进社区促进居民便利消费的实施意见》，引导各级政府、企业以及社会力量形成合力，促进电子商务发展。2020 年，青海累计建成 36 个县级电商服务中心 296 个乡镇服务站 2008 个村级服务点，乡村快递服务覆盖率达 91.5%，累计实现网络零售额 9 亿元（青海地方志编纂委员会编，2021：264）。新疆 2018 年以来打造外联"大平台"内接"小循环"，与中国电商联盟、阿里巴巴、京东、云集、字节跳动、拼多多、惠农网、一亩田等 20 多家大型平台建立不同层次的合作关系，支持各地州和县市开展地州级、县市级营销活动，有 96 家市场主体自发成立新疆电商扶贫联盟。2019 年 6 月，新疆出台《自治区跨境电子商务零售进口监管实施方案》，从市场参与主体、工作任务等方面，促进跨境电商零售进口健康发展。

二　农村电商发展的地方探索

农村电商的规模不断扩大。西北地区虽然经济社会发展落后，但是山地、林地、河流资源丰富，农副产品独具特色。例如，宁夏中卫市的枸杞、硒砂瓜，盐池县的滩羊、荞麦、甘草，西吉县的马铃薯，甘肃省临夏回族自治州的保安族腰刀、民族工艺品，甘南州的藏族工艺品，新疆的瓜果、干果等。电商帮助农民群众进行农副产品销售，增加了他们的收入。在政府的支持下，农村电商发展迅速。根据统计，2019 年新疆约有 20.79 万家网络店铺，建立县级电商公共服务中心和物流配送中心 47 个，乡镇和村级电商站点近3000 个（雪克来提·扎克尔，2020）。2019 年，新疆共建设 362 个乡（镇）、村级电商服务站点，覆盖南疆四地州 7 个深度贫困县，服务建档立卡贫困人口 9.74 万人次，帮助建档立卡贫困户销售 8308 万元的产品，实现增收 1723 万元（黑宏伟，2020）。根据《青海省商务厅关于省政协十一届五次会议第 20170085 号提案的复函》（青商电字〔2017〕379 号），青海省 2016 年底建成国家级电子商务示范基地 1 个，市州级电子商务综合服务基地 3 个，县级电子商务服务中心 10 个，农村电子商务综合服务站 2047 个，18 个县开展国家电子商务进农村综合示范县创建工作。

农村电商发展的环境不断改善。农村电商发展需要网络配置、交通设施建设、信息化服务等水平迅速提升。宁夏政府积极加强农村电商发展的软硬件条件建设，2017 年底全区共建成 15 个县级电商服务中心，74 个乡镇电商服务站，1209 个村级电商服务站，行政村完成光纤、政务外网和村级服务站全覆盖，深入推进网络扶智，实施"电商扶贫培训全覆盖"工程（宁夏地方志编审委员会、宁夏回族自治区地方志办公室编，2018：327）。甘肃省政府统筹中央财政和地方财政经费，改进农村数据网络，助力农村电商发展，2016 年省财政投入 5000 万元，中央财政拨给甘肃 20 个贫困示范县每个县 200 万元用于发展农村电商，全省建成 75 个县级电商服务中心，1157 个乡镇电商服务站，5 个村级电商服务点（甘肃省统计局、国家统计局甘肃调查总队编，2019：141）。高速增长的互联网用户促进农村电商蓬勃发展，截至 2018 年底，陇南市成县开办各类网店、微店 1127 家，电商企业 38 家，物流快递企业 42 家，电商平台 9 个，县、乡两级网货供应平台 26 家，农村淘宝服务站 55 个，电商直接或间接带动贫困户就业 9000 多人（李傲，2020）。陕西省制定农村电商发展规划，加快农村电商综合服务站点建设。2019 年全省 71 个县建有县级电商服务中心，镇村电商服务站 6775 个，通过电商进农村综合示范项目实现全省 55 个贫困县全覆盖，电商覆盖贫困村 49.3%，带动农户超过 4 万户，扶持 4000 多人通过电商创业（陕西省统计局、国家统计局陕西调查总队编，2020：187～188）。

农村电商交易呈现增长态势。宁夏在 2018 年各示范县均建成县级电子商务服务中心，并在京东、阿里巴巴等知名平台搭建"地方特产馆"，70% 以上行政村建立电商服务站，50% 以上示范县建立电商创业园区。推动农村电商"筑梦计划"，培育电商人才，示范县累计培训 70000 人次，积极打造特色企业和农产品品牌，形成银川宁谷物配、海源老庄稼、彭阳三泰物流等电商企业，百瑞源、宁安堡、杞里香、昊王等网上优质特色产品。2018 年网络零售额为 148.5 亿元，比 2017 年增长 25%，高出全国平均水平 2.09 个百分点，其中贫困县集中的固原市、吴忠市分别为 6.42 亿元、6.19 亿元（宁夏地方志编审委员会、宁夏回族自治区地方志办公室编，2019：293）。从网络销售的具体情况看，实物型网络零售占主体地位，枸杞、葡萄酒、牛奶、盐池滩羊等产品深受消费者喜欢，盐池滩羊线上交易最快。

青海 2018 年建成市州级电子商务服务基地 2 个、县级电商服务中心 4 个和社区服务站点 10 个，在 11 个贫困县区设立阿里巴巴青海兴农扶贫品牌站。"京东·青海扶贫馆""青报商城网""稳当生活网"等本土电商平台成为青海特色产品网销生力军，七大类千余种产品通过网络营销，合计销售额超过 30 亿元。2018 年实现电子商务交易额 749.69 亿元，同比增长 25.3%；网络零售额 297.4 亿元，同比增长 34%；农村网络零售额 14.27 亿元，同比增长 50.7%（青海地方志编纂委员会编，2019：205）。

甘肃省建立电商三级服务体系，2018 年，75 个贫困县实现电商服务中心全覆盖，88% 有建档立卡贫困人口的乡镇设立电商服务站，71% 的深度贫困村建成了电商服务点。"两州一县"和 18 个省定深度贫困县中，电商服务中心覆盖率达 91.4%。全省组织培训学习陇南、环县、广河电商扶贫模式，其中，商务部将广河县电商帮扶车间的做法向全国推广，临夏州、甘南州、陇南市、定西市四个国家级贫困县集中的地州市分别在沿海地区建立了地方特色产品电商销售馆，它们是"厦门馆"、"天津馆"、"青岛馆"和"福州馆"，这些销售馆成为贫困地区特色网货"走出去"的新窗口（甘肃省地方史志办公室编，2019：225）。

新疆电子商务进农村呈现良好发展态势，2017 年电子商务交易额达 1620.3 亿元，其中网络零售额 233.7 亿元。26 个国家级示范县农村网购额累计达 13.75 亿元，农村产品网销额累计达 21.58 亿元，19 个自治区级示范县农村网购额累计达 7.7 亿元，农产品网销额累计达 8.75 亿元。新疆建有 4 个国家级电商示范基地，5 个示范企业，43 个农村电商县级运营中心，71 个仓储物流中心，1867 个乡村电商服务站点，其中南疆四地州深度贫困县的深度贫困乡镇已建设电商服务站 63 个，深度贫困村已建设村级电商服务点 479 个，培训 56.51 万人次，累计服务建档立卡贫困人口 6 万多人次，帮助建档立卡贫困人口销售总金额为 2879.07 万元，帮助建档立卡贫困人口增收总金额为 694.89 万元。21 家企业参加商务部组织的全国农商互联大会，与 30 多家采购商现场签约或达成采购意向，签约金额为 1.2 亿元。2019 年新疆政府举办"电商扶贫天山行"，吸引 300 家国内企业与新疆农产品生产企业对接，销售约 63 吨特色农产品，促进贫困群众增收（新疆维吾尔自治区地方志编纂委员会编辑，2018：207）。

陕西省开展电子商务进农村、进社区工作，深化与阿里巴巴、京东、苏宁等电商企业的合作，2018 年底建成县级物流配送中心 109 个，乡镇快递服务网点 5700 多个，覆盖率达 99%，快递企业超过 450 家。陕西省对贫困村和贫困户开展电商精准扶贫。全省贫困村电商服务站达到 2946 个，覆盖率为 59%，深度贫困村电商服务站点 238 个，覆盖率达 49%，筛选 20 款"电商扶贫优秀农特产品"通过商务部"电商扶贫联盟"推广。陕西省建成三级电子商务服务体系，电商企业带动 29600 多个贫困户增加收入，培训贫困人员 46000 多人次（陕西年鉴编纂委员会编纂，2019：139）。2020 年邮政陕西省分公司以"陕货出陕"为核心，在全省所有市县开通"邮乐网"地方馆、农产品专区，通过全省 9773 个邮政农村电商线下服务站点，建成 1709 个数字化站点，将苹果、樱桃、冬枣等 1730 种特色产品纳入线上销售（陕西年鉴编纂委员会编纂，2021：261）。

第二节　乡村集市推动农村电商发展案例解析

一　政府引导型

电子信息技术的不断发展，在一定程度上突破了地理因素、空间因素的制约，也突破了传统的经济发展方式，已经成为促进农村经济发展的有效途径，电子信息技术带动的农村电商也成为乡村振兴的重要载体。农村电商的跨时空性能够有效解决地区经济社会发展过程中的"信息鸿沟"与"孤岛效应"，也就是说，农民可以通过电子商务平台发布或获取货物信息和市场信息。电商单纯讲是一种商业行为，但是将电商纳入乡村振兴就不单单是商业行为，而是政府利用商业模式提高群众的生活水平。农村电商推动乡村振兴的场域就是市场，既包括虚拟的网络交易平台，也包括现实的市场如乡村集市等。

在国家"互联网＋"背景下，电商带动乡村振兴的理论主要有两种。一是电商机会论。电商提供人们进入市场的机会，从而解决农民群众进入市场机会不足的问题，电商就像是一扇快速旋转的转门，任何有意向进入的人必须抓住转门转到你面前的机会，迅速挤进去。电商激发群众通过网络创业与消费，增加偏远地区农牧产品的销售机会，降低销售成本，增加群众收入。二是电商赋能论。农村电商发展的关键是赋能，电商是推进乡村振兴的有效载体，在电商发展的基础上帮扶是一种新尝试和新路径，激活了农村的创业能力、创新能力，激发了农村潜在的经营活力、创新活力（汪向东、王昕天，2015）。农村电商赋能机制，可以激发落后地区创新创业活力，开展农村电商创业，需要资金少，创业风险低，带动群众就业多。同时，农村电商发展催生"新能人"创新活力，运用新知识、新理念，培育互联网思维，提升主体的自我发展能力（方刚，2019）。

西北地区基于当地的资源禀赋结构，积极探索电商促进乡村振兴的新途径，积累了许多宝贵的工作经验。课题组在甘肃甘南州调研时获得以下材料。

案例 5-1　电商销售农副产品

甘南州 2015 年 3 月便开始发展农村电商推动农村发展，以 88 个贫困乡镇为重点区域，284 个贫困村为重点对象。根据《甘南州关于精准扶贫电商支持计划的实施方案》，2016 年到 2018 年，在全州 70% 的贫困乡（村）建设电子商务服务站（点），截至 2017 年 7 月，全州电商企业、电商服务站从业人员有 2000 多人，直接带动 4000 多人实现人均增收 2000 元以上。"拉卜楞网城"、"58 同城"、"特色中国·甘南馆"、"藏宝网"、"京东·甘南馆"和"淘淘商城"等 600 多家电商在 2017 年销售农副产品突破 1.38 亿元。主要销售牛羊肉、牛肉干、牦牛奶粉、羊肚菌、山野珍品、青稞酒、青稞系列杂粮、野燕麦、藜麦等农副产品，同时销售牦牛绒制品、洮砚、唐卡、藏香、民族服饰、木雕等。

甘肃省陇南市探索"政府引导、市场推进、社会参与、协会运作、微媒助力"的电商模式，在市、县、乡、村组建完整的电商管理团队，解决农村电商人才短缺问题，将政府信誉与电商平台捆绑在一起推广销售农副产品，获取消费者信任，通过农户产权抵押、土地流转分红等措施，解决电商发展的资金问题，将乡村集市闲置商铺集中改造成电商站，解决电商场地问题，取得良好的社会效益和经济效益，荣获"2015 中国消除贫困创新奖"。2016 年 9 月，全国电商扶贫现场会在陇南召开，陇南市被确定为全国首个电商扶贫试点市。

政府通过行政措施加强基础设施建设，完善公共服务，规范市场体系，提供税收优惠政策，营造农村电商发展的环境。例如，青海省湟源县根据电子商务和市场体系建设工作计划，实施"宽带中国·光网湟源"工程，实现"网货下乡"和"农产品进城"双向流通。

案例5-2　电商便捷民生

青海省湟源县到2017年12月建成7乡2镇农村电商综合服务站，覆盖全县146个行政村。建设30个农村电商村级综合服务网点，并且利用村级网点电商优势，为农村居民提供便利的代收快递、代缴话费水电费、网上代购、助农取款等服务。例如，县邮政分公司在申中乡通过线上"邮乐网"，帮助农民销售蕨麻等农副产品，农民在赶集时将农副产品带到集市，邮政公司负责产品包装、配送及网上销售，既使农村电商企业积累农产品网上销售经验，促进农产品流通，也使农户增强种植信心，实现增收。

西北地区地方政府与大型互联网企业合作，结合当地的交通条件、物流基础、群众的文化程度、本地农牧产品特色，积极探索适合本地区的农村电商发展模式。政府积极优化硬件与软件环境，吸引电商企业或电商平台加入农村电商扶贫系统。一是电商巨头，例如，阿里巴巴、京东、拼多多等，其中阿里巴巴在2017年12月就启动了"阿里巴巴脱贫基金"，计划5年持续投入100亿元，推动千县万村扶贫计划，即贫困县与阿里巴巴集团合作，在农村市场引进淘宝平台激活农村市场，通过农村电商平台实现工业品下乡和农产品进城；二是本地发展的电商平台，例如，农村淘宝试点。

案例5-3　电商赋能行动

新疆"访惠聚"办公室2018年6月组织阿里巴巴、京东、楼兰蜜语等 30 多家电商企业赴南疆销售农副产品。电商企业分别赴 18 个贫困县的 62 个深度贫困村对接销售，其中阿克苏"西域牛牛"等 5 家电商与柯坪县的深度贫困村共签订了 1.2 万只羊、130 吨恰玛古和 440 吨大黄杏的购销协议。京东物流根据南疆贫困县的地理位置、交通状况、资源禀赋结构，推出农副产品运输全程冷链物流模式，保证产品的质量。阿里巴巴与吉木乃县签订协议开展深度对接，围绕"将贫困地区的优质农产品卖出去"的目标，整合种植、仓储、物流、销售各环节，融合线上与线下渠道资源，将优质农产品销往全国，促进贫困地区农民增收。"访惠聚"办公室还帮助南疆深度贫困县建设县、乡镇、村三级电商服务网络，以乡镇电商服务站为中转站，链接农村与县城电商网点。巴里坤哈萨克自治县作为国家"电子商务进农村"综合示范县，在全县范围内建设了 42 个村级电子商务服务站，实现 15 个乡镇全覆盖。在农副产品成熟季节，政府动员各驻村工作队协助基层电商服务站工作人员做好无花果、巴仁杏等的收购工作，确保收购工作顺利有序开展，电商让农副产品插上了互联网的翅膀，飞到了消费者的手中。

二　企业引导型

目前，农村电商发展呈现两个特征。一是在全国范围内农村电商迅速发展、快速扩散，展现出巨大的发展活力，促进农村就业，增加农民收入，改善农村市场环境，调节市场结构，加深农村与外界的信息交流，农村与城镇之间贸易往来通过电商平台联系更加密切。二是农村电商发展不平衡，发展水平差异较大，东部沿海地区农村电子商务发展迅猛，大多数淘宝村聚集在东部地区，西部地区农村电子商务发展结构单一（韩佳明、郑冰，2020）。西北地区，企业是农村电商产业发展的主力军，也是农村电商发展的基础组织。这些企业既有阿里巴巴、京东、苏宁易购、中国邮政、农村信用社等大型企业，也包括各类县乡自己建立的电商店。

企业引导农村电商扶贫及带动乡村振兴有多种模式。其一为"公司＋基地＋农户"的订单合作模式，电商企业通过与农户签订种植、养殖以及销售协议，给农户提供种子、化肥，提供科学的种养技术，从而提高农产品生产率，统一收购农户种植的农作物或饲养的禽畜，降低企业和农户的成本，促进农民群众增收，企业也能从中获得利益。例如，青海省大通青藏百灵农畜产品电子商务有限公司将扶贫与产业融合协同推进，给农户免费发放种苗，注重特色产品发展并加强品牌建设，构建县、乡、村农村电商服务体系，解决了偏远地区传统商业营销模式半径小、物流网点流通不畅等问题。

案例 5 - 4　大通电商企业

青海省大通青藏百灵农畜产品电子商务有限公司成立于 2015 年 10 月，带动全县 20 个乡镇 33 个村致富，推进一、二、三产业融合发展。在经营方式上，企业给贫困户免费发放鸡苗，实行统一管理、防疫、回收，整合线上线下资源销售，线下在大通县和西宁市有多家配送门店、实体体验店，并且给多家大型超市供货；线上通过该公司的青藏农畜林产品网、农村服务站点、供销 e 家等网络销售。

青海开泰农牧开发有限公司采用与大通青藏百灵农畜产品电子商务有限公司略有不同的模式，开泰公司只是收购牧户饲养的牲畜，不提供种苗，但是收购价高于市场价格。青海开泰农牧开发有限公司负责人告诉课题组："2018 年我们与都兰县的 5 个村子签订养殖基地交售协议，养殖户向公司出售藏系羊、牦牛，公司给养殖户在市场价格基础上，每头牛增加 100 元，每只羊增加 20 元。公司依托中粮我买网、天猫等电商平台销售农牧产品，其中，消费者在中粮我买网扶贫专区购买牦牛肉、藏羊肉、青稞产品，可以获得中国工商银行满 100 元减 30 元的优惠补贴，2019 年'双十一'当天，电商平台订单 1300 多份，销售额达到了 133 万元，电商扶贫活动效果非常明显。"

此外，宁夏泽艾堂生物科技有限公司根据当地的资源禀赋结构，既种植艾草，也收购农户种植的艾草，同时还加工销售艾草系列产品。企业通过带动农户发展地方特色产业，吸收农户就业，促进农村发展。

案例 5－5　西吉"实体＋电商"企业

宁夏泽艾堂生物科技有限公司由福建省第十批援宁工作队牵头招商，于 2017 年 3 月入驻西吉县，集艾草等相关中草药种植、加工、销售于一体，是西北地区规模最大、产业链最全的艾草农业产业化企业。从 2017 年到 2020 年，先后推广种植艾草 11600 多亩，带动当地农民亩均增收 1600 元左右。该公司在西吉县将台堡和偏城两个乡镇建设艾草帮扶车间，带动低收入户就业 36 人，每月工资 1800 元左右，现有标准化厂房 2 幢 6750 平方米，生产线 8 条，有艾灸贴、艾条、艾柱、艾饼、足浴包、艾草养生贴等 6 个系列 66 种产品。现有职工 65 人，其中低收入群众 29 人，拥有商标 38 件，申报各种专利 13 项，年可加工艾草 6000 吨以上。2018 年在深圳和西吉县本部有 14 人的电商团队，80% 的产品实现线上销售，每天发货量达 600 多件，2020 年公司销售总额达 1800 多万元。目前，公司主要通过电子商务、加盟商、线下代理等方式进行销售。

其二为"B2C 模式"，即代理人与销售者直接对接，省去中间环节。"B2B 模式"即卖家与买家直接在平台上交易的模式。例如，藏宝网、"回回集市"两家农村电商企业，都主打地方特色农副产品，在线上、线下直接销售。

案例 5 – 6 藏宝网

藏宝网是甘南知名的电商平台，2017 年被商务部评为电子商务示范企业。入驻电商企业 1000 多家，销售商品 1 万多种，初步形成网上"八角街"，截至 2018 年 7 月，销售额达到千余万元。它将藏族文化与藏族产品深度融合，大力打造特色品牌产业，推进民族地区经济发展。藏宝网主要销售虫草、佛教用品、蕨麻、唐卡、藏式家具、藏药等特色产品，同时开展文化旅游、餐饮服务，旨在为藏族群众提供就业机会。

案例 5 – 7 "回回集市"

宁夏回回集市电子商务有限公司曾经被商务部评为全国电子商务示范企业，它依托地域优势，打造特色食品品牌，采用 B2B 模式向全国销售本地产品。该电商企业主要推广具有本地特色的枸杞、红枣、羊绒制衣、八宝茶、小杂粮等产品，兼顾仓储物流、创业孵化以及咨询服务。它与跨境互联网企业对接，建成村级电子商务服务站 60 多个，线上引进本土企业 30 余家，销售农特产品达 500 多种，实现了从传统销售模式向网络销售模式的转型。

三　社团引导型

社会组织或社团也参与到引导农村电商发展带动乡村振兴工作中来，这里的社会组织或社团包括合作社、电商协会等机构，它们整合政府与农户资源，将分散的农户集中起来，对农副产品进行统一加工、包装、销售、配送，建立品牌，增强产品的市场竞争力，从而增加群众的收入。在交通不便、经济落后、地理位置偏僻的农村，短时间内成立大型电子商务公司不现实，但可以通过政府项目带动成立电商合作社，加工、包装、宣传推广、销售本地特色产品，逐步形成规模效应，群众在参与中积累电商知识，逐步带动致富。

案例 5 – 8　维吉达尼合作社

维吾尔语"维吉达尼"的意思是"良心"。新疆喀什维吉达尼农民专业合作社由新疆社工、志愿者和返乡大学生联合创立，有 3000 多户合作农户。依靠新疆地区地大物博，民族文化资源多元，瓜果、干果闻名全国的优势，通过电子商务主营干果。该合作社以社会公益为初心，以社会化营销为抓手，打造电商品牌，通过层次多样的专业合作社，构建供销体系，提高销售量，促进群众增收。

案例 5 – 9　大学生的合作社

甘肃临潭县新城电子商务服务站是几名大学生 2017 年注册成立的合作社，当年通过线上线下收购和销售土蜂蜜、燕麦、粉条等农特产品，涉及农户 220 多家，2018 年上半年收购和销售蒲公英、当归、黄芪、党参、鹿角菜等，涉及农户 70 多家，带动每户增收约 1500 元，并与迭部县菌之韵菌业有限责任公司签订 100 吨鲜蘑菇收购订单，带动群众增收约 200 万元。

课题组在宁夏同心县石狮镇调研时，低收入群众 JM 讲述了他们在政府帮助下依靠电商合作社摆脱贫困的故事："我今年 52 岁，2005 年在新疆打工，出了车祸双腿残疾，这些年一直靠政府给的低保金过日子，生活很苦，说实话，想死的心都有呢。前年政府让来学习电子商务知识，刚开始啥也不懂，很吃力，通过老师教和自己摸索，学习网上买卖东西，慢慢地就会了。我和 9 名残疾人合作开设电商服务站，在网上卖民俗产品、手工艺品，后来增加了代买代卖业务，现在一个月能挣 7000 元左右，感谢政府，电商给了我生活的新希望。"

从以上案例可以看出，社会组织引导电商带动乡村振兴能够直接与群众沟通对接，发挥各个主体的优势，激发群众的内生发展意识，实现"造血式"扶贫。

四 农户引导型

农户引导的农村电商是指群众自发、自主地利用电商平台销售农副产品，达到增收致富的目的。这要求农户拥有强烈的内生动力，有一定的文化水平，懂电脑操作。农户搭建的电商平台通常是淘宝、拼多多、京东等巨型电商平台，一般是农户发布产品信息，农户直接与消费者沟通，消费者可以提出自己的个性化需求，形成"私人订制"，信息交流直接，契合农村分散经营模式。农村电商发展过程中涌现出一大批"创业明星""致富带头人"等模范精英，主导农村电商发展，如陇上庄园负责人。

案例 5 - 10 陇上庄园

LQJ，甘肃陇南人，第十三届全国人大代表，陇南电商发展脱贫致富带头人，徽县"陇上庄园"淘宝网店负责人。2013年在家乡石滩村创办第一家网店，将农特产品橄榄油、核桃、花椒、中药材、土蜂蜜、土鸡蛋、干辣椒等卖到全国各地。她不但收购农特产品卖，还帮助乡亲们卖，年销售额从几万元增加到几十万元，截至 2018 年，她已带动了 300 多户农户增收。陇南电商扶贫故事，通过新闻联播传播到全国各地，在国家各项扶贫政策的扶持下，陇南发生翻天覆地的变化，山更绿了，水更清了，天更蓝了，高速公路通了，机场也有了，贫困群众的生活逐步改善。

电商模范精英对西北偏远地区发展具有很强的示范带动作用，农民群众文化程度相对有限，思想保守，接受新鲜事物的能力较差。农村电商模范精英通过自身实践、引领与帮扶，带动农民群众模仿复制其成功做法，农村电商模范精英的示范与传导作用得以有效发挥。农村电商扶贫发展过程中，一些地区结合本地自然资源和社会文化资源优势，形成了一些典型的农户主导的农村电商扶贫的示范乡村，总结了许多可以复制推广的经验模式。

案例 5-11 村民生活服务电商

农村电商不仅带动了农村现代化发展，也为群众致富带来了更多商机，新疆阿图什市阿扎克乡村民 MLD 说："以前村民买东西只能到乡里，甚至到市上，知道电商的人很少，现在村里电商生意这么好，真想不到。"2017 年，在党和政府支持下，MLD 在当地农村开办了第一家电商店，村民需要啥服务，就推出啥服务，既可以网上交费、购物，还可以网上卖东西，很便利，开始的时候每月营业收入 1 万元，后来营业收入稳步增长。

在"互联网＋"背景下，农村电商成为偏远地区农民群众解决日常生活问题的首选，给群众带来切实的收益，农村电商颠覆传统农业生产销售模式，正在深层次重构产品供给侧，不能过多干预电商的经济活动，也不能放任其自由发展。

案例 5-12 电商链接农户与市场

新疆莎车县白什坎特镇将电商服务点和农村蔬菜收购点建在一起，村民早晨把自己种植的蔬菜送到电商服务站，再由服务站销售到集市、批发市场、农贸市场，最终到达消费者手中。电商激活了乡村经济，使农产品实现线上线下收购销售，拓宽了当地村民的致富路径。

第三节 乡村集市推动农村电商发展的因素分析

一 人才因素

农村电商发展投资大但见效缓慢，尤其是在西北地区推进农村电商发展，需要农业技术与网络营销技能兼具的复合型人才。在农业技术方面，现代高科技农业较传统农业的耕作方式有很大变化，农业产品既要有过硬的质量，又要有精致的包装，还要有产品质量检验报告等，这是吸引消费者的首要因素；在网络营销技能方面，农村电商缺乏网店设计、技术维护、后台操作、在线服务、维护运营等方面的人才。我国东部地区经济发展迅速，就业创业机会多，人才济济，西部地区经济发展缓慢，生活条件差，人才匮乏，农村电商需要的专业技术人才更是稀缺。在西北偏远地区，引才成本高，本土人才流失，农村电商发展的建设人才、管理人才、运营人才缺乏，制约农村电商的可持续发展。

农村电商人才的匮乏制约电商带动乡村振兴的有效开展。县域建立农村电商运营中心需要懂技术、善于经营管理的电商专业技术人才，乡镇建立农村电商综合服务站需要网店运营管理人才，乡村建立农村电商综合服务点需要熟悉网络操作的人才，然而，西北偏远地区薪资待遇较低，很难留住具有计算机相关专业背景的大学生。有些偏远地区的农民虽然有通过网络销售农副产品的意愿，希望加入农村电商发展的行业增加收入，但是文化知识有限，很难理解和掌握电子商务的相关知识，只能是"有想法没办法"。有些农村孩子接受过高等教育，具备电脑网络知识，然而留在农村发展向上流动的机会极其稀缺，再加上在农村开网店存在很大的不确定性，在婚恋成家立业的压力下，大多流向城市谋求更多的发展机会，结果是农村建电商困难，有效运营电商更难。

农村电商发展主要依赖政府组织电脑网络知识培训，培训项目非常多，例如，农业农村局、商务局、团委、妇联等机构都组织了不同形式的培训，但是效果不甚明显。通过培训掌握简单的电脑操作相对容易，但要想真正进入电商行业获得收益难度颇大，需要熟练掌握网络设计、美工、后台操作、产品包装等技能，短期普及性知识培训缺乏针对性，很难对农村电商发展起到实质性效果，从而导致农村电商实际操作运营受阻，农产品网络销售整个过程缺乏技术人才。

二　资金因素

农村电商基础设施建设需要一定的资金。农村电商伴随乡村振兴政策的推进，取得显著成效，对于推动西北地区农村经济发展有了质的改变，基础设施建设也取得显著成效，然而随着农村电商转型升级，农村基础设施要求越来越高，但是农村基础设施相对落后，难以满足农村电商现代化发展要求。例如，生鲜类农牧产品走出偏远地区，受到交通、物流、仓储、冷链等条件限制，导致进入消费市场的周期长，消费者的满意度低。农村电商发展需要投入资金拓展网络信息建设、家庭宽带和农村互联网建设，打通农村电商发展的"大动脉"。有些偏远地区虽然接通网络，但是由于资费较高，群众使用率低，需要相应资金补贴，提高了农村电商可持续发展的运营成本。

此外，农村电商企业运营也需要一定的资金，特别是在前期产品的品牌打造、网站建设、美工宣传等方面都需要投入资金。目前市场的融资渠道主要有两种：实体银行融资，虚拟网络融资。在经济落后的西北地区，银行是主要的金融机构，但是银行贷款需要满足一定的条件，例如，资产抵押（如房子、汽车等），或者需要有资质的企业担保。农村电商等小微企业缺乏完整的产供销合作体系，也很难满足银行贷款的条件要求，不得不通过蚂蚁金服等互联网企业融资，可是互联网金融机构利率普遍比银行高，无形中增加了农村电商的运营成本，阻碍了农村电商的发展。

三　资源因素

从整体看，西北地区恶劣的气候条件、山地多平原少的地质结构，致使交通不便、物流落后、信息阻塞，农产品很难走出大山。农村电商尽管配送范围能够到乡镇，但仅提供自寄自取服务。由于缺乏统一、完整、畅通的物流渠道，农民即使有电子商务的需求，也很难得到满足，农产品想要实现网上销售更是困难重重。

从局部看，西北地区在复杂多样的地质结构中镶嵌着部分优质的地理资源。例如，新疆南部的喀什地区，自然条件优越，生产的农产品、干果绿色健康环保。甘肃省种植的农产品种类繁多，品质优良，百合、苹果、大枣、玫瑰、花椒、核桃等产量较大，还有当归、黄芪、党参等中药材，种植面积广，有"千年药乡""天然药库"的美誉。

西北偏远地区农村物流成本高，再加上缺乏销售本地农牧产品的电商平台，群众缺乏开展农牧产品电商销售的积极性。同时，农牧产品的品牌意识差，农村电商企业未能整合地区农牧产品资源，没有形成叫得响的地方品牌，还停留在将农产品直接销售出去的阶段，没有形成长远发展的品牌意识。例如，宁夏盐池县有"中国滩羊之乡""中国甘草之乡""中国荞麦之乡"等国字号品牌，宁夏中宁枸杞不仅有枸杞鲜果，还有枸杞深加工产品，诸如枸杞糕点、枸杞果酒、枸杞饮料等，但是农村电商还没有将产品推广出去，只停留在零散售卖的初级阶段。

四　机制因素

近年来，农村电商带动乡村振兴发展取得显著成绩，但是仍然处于初级阶段，体制机制有待进一步完善。在政策层面，农村电商还处于宏观规划阶段，国家没有制定落后地区农村电商发展的统一标准服务体系，缺乏农村电商与惠农政策有效衔接的机制，导致农村电商缺少政策和资金支持。农村电商发展的政策体系建设要充分考虑自然条件、社会条件、文化条件、组织条件。国家投入落后地区的优惠政策多，电商平台积极利用国家政策建立的农村电商服务站、合作社种类繁多，参差不齐，真正能够带动乡村振兴的是哪一些哪一类有待考察总结。

农村电商发展因地制宜程度不高，群众参与农村电商受到自然资源条件和社会资源条件的限制。有些地区村庄位于交通十字路口，农民参与农村电商的积极性高，在电商发展中能够显著提高经济收入。有些地区地理位置复杂多变，电商发展成本高且见效缓慢，甚至投入大于产出，经济效益甚微。例如，新疆南疆地区，在国家政策支持下，农村电子商务站点数量不断增长，但是农村电商规模小，南疆地区农产品以干果和鲜果为主，电商企业同质化现象严重，缺少独特个性化的产品，电商企业之间依靠价格博弈进行不正当竞争。农村电商扶贫纳入国家扶持政策体系后，虽然地方政府高度重视，但是难以找到很好的切入点，到处建站点、找店铺，建农村电商产业园，收效却不显著。

第四节　乡村集市推动农村电商发展的路径选择

一　以集市为平台带动农村电商提供就业创业机会

乡村集市作为农村电商信息推广和普及的中转站，向上链接县级电商服务中心，向下链接村级电商综合服务站，推进"村村通"工程建设，拓展农村物流网络建设和三网融合服务体系。地方政府应将引进大型互联网企业与发展本地农村电商相结合，建立健全农村电商体系，促进农村电商可持续健康发展。

在完善农村电商软硬件设施的基础上，在乡村集市上建立农村电商枢纽平台和农村电商孵化园，一方面，提供体力型就业岗位。政府推动西北贫困地区农村电商示范基地建设，创造就业岗位，接纳更多农村剩余劳动力就业，从事货物搬运、货物运输、货物包装、货物加工、农牧产品分拣归类等岗位的人力需求不断增加。农村电商从业人员规模不断扩大，带动当地就业人员数量逐步提升。同时，农村青年经过电商网络知识培训，可以从事农村电商终端服务行业，能够增加村民对网络交易的信任度，帮助农民群众销售特色的农牧产品，增加收入，提高生活水平，促进乡村振兴。另一方面，提供智力型就业岗位。近年来，国家鼓励大学生村官、农村专业合作社通过互联网发展农村电商，实现创新创业就业。通过发展农村电商，提供信息软件开发、网络销售、网络美工、网站建设、农副产品品牌营销等岗位就业机会，有效缓解高校毕业生的就业压力（张建军、吴良伟，2017）。此外，农村电商只做平台业务，没有力量做终端服务，电商终端业务培训可以借助地方高校建立的"大学生双创中心"，联合电商企业、互联网企业开展"双创"活动，培养一批懂经营、会销售、熟悉地方产品的农村电商人才，有效解决返乡就业问题，从而带动农村发展。

二　以集市为平台完善农村电商运营机制

在村十字路口、村委会周边建立农村电商服务点，可以实实在在解决当地群众对有关政策的疑问，指导群众使用电商销售农牧产品和民族工艺品，给有意开办网店、在线营销的新加入群体提供书籍、电商技术指导，以及货架、电脑等基础设施方面的帮助（于兆艳，2018）。

以乡村集市为主体建立农村电商物流体系。农村物流体系建设需要考虑两个方面的因素：农村电商的实际运输需求和群众的自身运输能力。农村电商发展的有效途径是政府支持、企业参与、市场调节，三者之间协同推进。政府宏观布局农村电商的网点建立，企业提供技术和管理服务，农村电商企业负责农产品进城和工业品下乡的运营，并与农村电子商务用户建立有效联系。县级电商服务中心、乡镇级电商综合服务站、村级农村电子商务综合服务点形成三级农村电商供应结构。西北地区地广人稀，有些地方乡镇距离县城很远，农民无法将农产品直接运送到县城，乡镇传统集市基础上建立的电商综合服务站作为中转站，链接村级电商与县级电商，村级电商服务终端负责收集农民生产的农产品，将优质农产品直接挂到网上销售，需要深加工的农产品，则由农村合作社以及农产品企业进行第一次筛选处理，村级电商将其运往乡镇电商综合服务站进行第二次加工处理，再统一运送到县级电商服务中心检验、加工，最终送到全国各地消费者手中，增加农民群众的收入（邹健健、刘维忠，2017）。

以乡村集市为主体建立农村电商信息流通体系。健全电商平台建设，加快农村电商信息规划建设，推进电商技术运用，利用现代科学技术捕捉农业大数据，深度挖掘消费者需求，促进一、二、三产业融合。统筹线上线下生产和消费数据信息，纵向对接产业政策信息，横向对接法律规章制度信息，促进工业品和农产品合理供销。通过数据信息的公开透明，实现资源共享和优势互补，让信息技术为经济发展助力，通过宽松的政策体系和制度机制，引导农村电商发展，探索农村经济发展转型升级，推进农村发展（孙剑斌、李自茂、彭笑，2018）。

三　以集市为平台健全农村电商服务体系

在乡村集市上建立农村电商枢纽平台，完善政策体系，使其向制度化方向发展。一是完善农村电商发展的土地资金政策。因地制宜对不同区域电商进行调整，找到适合当地发展的电商服务体系，适应不同区域的发展需要。对农村电商建设与运营过程中所需要的土地资源、资金等给予帮助，建立配套设施。重视工业品下乡与农牧产品进城的双向流通政策机制，两者在基础政策设置上有许多重合点：工业品下乡要注意商品的质量和安全，建立防范假冒伪劣产品的监管机制；农产品进城要保证商品环保、绿色健康，促进农村电商市场的良性发展。二是完善电商发展的人才培养政策。完善电商人才培养机制，开设电商培训班，采取一定的奖励举措，吸引有技术、有知识、有干劲的年轻人创建电商企业，带动群众脱贫致富。三是建立多部门协同推进机制。在国家电子商务进农村示范项目建设基础上，借助国家级项目打造县域电商生态圈，促进农村电商发展。以农畜产品、农畜制品、乡村旅游为重点，扶持和引导农村种植业标准化、产业化、品牌化建设，重点支持农产品供应链体系建设，提高农产品质量，提升农村电商交易比例，促进农畜产品、旅游产品网上销售，带动群众增收。

在乡村集市上建立农村电商枢纽平台，完善政策体系，使其向法制化方向发展。国家政策体系分为法律形式的政策和非法律形式的政策：法律形式的政策多为成文法，具有公开性、稳定性的特征；非法律形式的政策多为政府发布的意见、规章制度、规划、计划等形式，经常根据经济社会发展变化而做出调整。农村电商作为一种新型的农村发展形式，主要依靠非法律形式的政策体系解决当前的社会事务，例如，在农村电商的前期阶段许多问题的解决是一个探索的过程，短期内不适宜将非法律形式的政策转化为法律形式，但是从储备型社会政策看，随着农村电商扶贫的常态化，应急型的电商扶贫政策应该向储备型的政策转变，强调前瞻性、长远性和综合性效益（景天魁，2014）。

四 以集市为平台创新农村电商人才机制

在乡村集市上建立农村电商孵化基地，加强人才引进。农村电商发展离不开专业技术人才支撑，政府应该制定农村电商发展的优惠政策，落实电商项目，引进大型电商企业，支持个人创建电商企业，吸引电商人才创业。西北地区应与东部地区发展成熟的电商企业积极合作，吸引东部地区电商企业落户到西北地区农村，进而带来电商专业技术人才和优秀管理人才，补给电商人才的缺口。政府应加强农村基础设施建设，创造良好的生活环境和电商发展条件，吸引高校毕业生、青年人才到农村创建电商企业。政府可以通过减税、免税、补贴等方式吸引电商企业入驻，当形成一定的社会经济效益时，可以通过给予资金补贴、贷款补贴、购房补贴等方式引进人才，通过优秀人才带动更多的电商人才，发挥示范基地聚集作用，引导本地外流电商人才回乡创业，带动农村发展。

在乡村集市上建立农村电商孵化基地，加强人才培育。西北地区高校应结合当地发展情况，制定与当地经济社会发展相适应的农村电商发展人才培养方案。为了提高培训效率和培训质量，政府应分层分类培训，对不同的群体采取不同的电商知识培训方式。在电子商务基础知识、网上开店技巧等技能培训外，还应培训农产品开发、农牧产品包装、冷链运输、农村物流等农村电商发展的重要知识。地方政府、电商企业联合高等学校、电商培训机构开展全方位、多层次的农村电子商务培训，鼓励有志于农村发展的大学生专修或兼修电子商务专业。根据农村电子商务企业与农村电商培训机构实际情况，职业技术学院开展"菜单式"农村电商培训，分阶段确定培训时间、培训地点。根据偏远地区交通不便的特点，县级政府在乡镇设立农村电商培训基地和创业孵化基地，根据实际确定培训时间、地点。培训分为两类：一类是面向企业、基层政府、合作社、大学生村官开展农村电商培训班，培训时间、地点可以灵活多样，如晚上；另一类是针对有志于参与农村电商服务行业的农村务农人员，培训时间确定为集市赶集时间。政府积极组织到农村电商发展较好的地区实地参观等，通过现场看点、听取经验、座谈讨论等，学习先进地区农村电商发展经验。

五　以集市为平台促进农村电商典型宣传

在乡村集市上进行农村电商典型人物宣传。偏远地区群众获取的信息相对有限，对电商扶贫的认识与接受有一个逐步完善的过程，在推进农村电商带动乡村振兴时，要重视对群众的宣传教育引导，通过电商精英人物带领群众致富。政府要积极培育有发展前景的农村电商带头人，充分发挥典型示范作用，让群众认识网络和电商在乡村振兴中的价值，通过农村电商带头人的引导，提高对电商的认识，体会到农村电商给生活带来的便利，增强群众对电商的信任感，提高群众参与农村电商的积极性。

在乡村集市上进行农村电商典型案例宣传。西北偏远地区可以国家电子商务进农村示范县项目建设为突破，加快推动电子商务进农村工作，在行政村中选择交通条件相对较好、网络设施健全、产品特色明显的村庄先行开展电商试点，并在总结经验的基础上逐步推广。偏远地区特色产品的销售，需要全面构建营销新格局，利用现代传媒，全方位、立体化、多角度地宣传本地特色产品。宣传农村电子商务发展的典型案例，特别是知名电商企业对偏远地区电商发展的带动作用，使群众看到电商带来的经济利益。偏远地区政府应积极与阿里巴巴、京东、永辉等知名电商企业合作，并给企业一定的优惠政策。在线上，借助这些知名电商企业的互联网平台知名度，委托这些企业去策划和推销本地特色产品；在线下，依据它们的实体店柜台，设立当地特色农牧产品销售专柜，提高群众的经济收益。改善电商运行环境，帮助群众解决产品销售问题，使群众意识到电商带来的实惠，从而带动农村发展。

第六章　乡村集市与农村物流发展

第一节　农村物流发展

一　农村物流宏观规划

随着经济社会发展，物流业也快速发展，物流体系不断完善，物流运行日益成熟，物流行业逐步规范。2014年，国务院出台《物流业发展中长期规划（2014—2020年）》，提出加快现代物流发展。2016年2月，国家发改委等十部委印发《关于加强物流短板建设促进有效投资和居民消费的若干意见》，要求在资金、财税、土地等方面支持物流发展。2020年6月，国务院办公厅转发《关于进一步降低物流成本的实施意见》，研究制定2021—2025年国家物流枢纽网络建设的实施方案，要求进一步发展智慧物流、绿色物流。

农村物流是国家物流发展的重要组成部分，2019年中央一号文件特别提出"支持农产品物流骨干网络和冷链物流体系建设"。2021年8月，国务院办公厅印发《关于加快农村寄递物流体系建设的意见》，构建县、乡寄递物流服务体系，为农副产品进城和工业品下乡拓宽渠道，满足农民群众生产生活需要。农村物流是农村经济社会发展的重要途径，也是农村经贸与外界连接的纽带。在整个农村物流体系建设中，解决"最后一公里"问题成为关键，中国邮政等快递公司将承担重要责任。

西北地区物流是国家物流的重要板块，国家加大西北地区基础设施建设和资金投入，出台相关优惠政策，积极推动农村物流业发展，带动偏远地区经济社会发展，支持东部地区与西北地区缔结各种形式的帮扶协作，鼓励企业到西北地区投资物流业。2017 年 1 月，商务部、国家发展改革委等五部门联合制定《商贸物流发展"十三五"规划》，提出建设包括"城乡物流网络建设工程"在内的七大重点工程。2018 年 1 月，国务院办公厅出台《关于推进电子商务与快递物流协同发展的意见》。2018 年 12 月，国家发改委和交通运输部联合发布《国家物流枢纽布局和建设规划》，当月，交通运输部办公厅出台《关于推进乡镇运输服务站建设加快完善农村物流网络节点体系的意见》。2019 年 2 月，国家发改委出台《关于推动物流高质量发展促进形成强大国内市场的意见》。2020 年 5 月，《中共中央　国务院关于新时代推进西部大开发形成新格局的指导意见》提出"加快发展现代服务业特别是专业服务业，加强现代物流服务体系建设"。

二　农村物流中观行动

西北地区基础设施薄弱，经济发展程度较低，物流效率偏低，物流发展水平不平衡。为此，国家提出物流发展"四大板块""三个支撑带"的战略组合，缓解区域发展不平衡，促进全国各地物流整体平稳发展。《商贸物流发展"十三五"规划》中明确提出，降低物流成本，依赖市场力量促进物流发展，构建开放、便捷的跨区域物流通道，减少物流条块分割的状况。西北地区物产丰富，各省区政府积极出台促进物流发展的地方性政策法规，补齐农村物流发展短板，提高物流效率，促进经济社会发展。

宁夏出台《关于支持现代物流业发展的若干政策意见》《关于进一步推进物流降本增效促进实体经济发展的实施意见》《关于推进电子商务与快递物流协同发展的实施意见》《宁夏回族自治区物流业"十三五"发展规划》，从土地、财税、资金、规费、服务保障等方面为物流发展提供政策支持并构建物流保障体系。2018 年 1 月，宁夏出台《自治区加强物流短板建设促进有效投资和居民消费实施方案》，提出加强村镇末端配送设施建设，健全农村物流网络体系，加强农产品物流设施建设，建立服务中西部地区、连通丝绸之路沿线国家的现代物流体系。2018 年，宁夏完成社会物流总额 6287.99 亿元，同比增长 13%。其中，农工产品物流总额为 477.42 亿元，批发业物流总额为 1544.9 亿元。完成货物运量 40133.88 万吨，同比增长 2.1%，社会物流总费用为 648 亿元，同比下降 0.5%，物流企业每百元物流收入成本为 91.11 元，同比减少 1.02 元（宁夏地方志编审委员会、宁夏回族自治区地方志办公室编，2019：295）。2020 年，宁夏完成社会物流总额 7025.26 亿元，其中农产品物流总额同比增长 21.4%。宁夏出台重点物流企业、外贸企业铁路运输优惠政策，帮助企业降低铁路物流成本。推动新零售、新业态、新模式发展，打造"一刻钟便民生活服务圈"（宁夏地方志编审委员会、宁夏回族自治区地方志办公室编，2021：271～272）。

青海省制定《青海省推广标准托盘发展单元化物流实施方案》《青海省人民政府办公厅关于积极推进供应链创新与应用的实施意见》《青海省人民政府办公厅关于进一步加快现代物流业发展的指导意见》，提出加快现代物流发展，推动物流建设节点城镇建设，加快物流信息化，在全国建成省级冷链物流信息系统并与国家数据平台对接。2017 年 10 月，青海省人民政府办公厅转发《青海省物流业降本增效专项行动实施方案》。2019 年 12 月，青海省发展改革委等部门印发《青海省关于推动物流高质量发展促进形成强大市场的实施意见》，旨在营造物流业良好发展环境，提升物流高质量发展。2018 年，有 4 家企业的成功经验在全国推广，16 家企业被认定为农产品冷链流通标准化企业，促使特色农畜产品销往全国。新建"互联网＋回收"再生资源回收网点 52 个、分拣中心 1 个、交易市场 1 个，2018 年回收 155 万吨，交易额为 24.6 万元（青海地方志编纂委员会编，2019：204）。

2016 年 7 月，甘肃省人民政府办公厅出台《甘肃省"十三五"物流业发展规划》，提出依托丝绸之路经济带的区位优势，构建

"一中心四枢纽五节点"物流布局。2018 年 6 月，印发《甘肃省人民政府办公厅关于推进电子商务与快递物流协同发展的实施意见》，提出加强农村物流网络建设，优化农村地区物流资源配置，健全以县级物流配送中心、乡镇配送节点、村级公共服务点为支撑的农村配送网络，着力解决由乡镇到村"最后一公里"物流配送瓶颈问题。截至 2018 年底，拥有冷藏库近 2000 座，总容量 640 万吨，从业人员 10 万多人，30% 的企业应用物流信息管理系统（甘肃省地方史志办公室，2019：223～224）。古浪、天祝、民勤、环县建成农产品冷藏库 16 个，购置冷藏运输车 30 辆，弥补贫困村农产品冷链设施短板（甘肃省地方史志办公室编，2019：226）。

新疆制定《丝绸之路经济带核心区商贸物流中心建设规划（2016—2030 年）》《自治区物流业"十三五"发展规划》《自治区物流业降本增效专项行动方案（2016—2020 年）》，部署降成本、提效率、促进物流企业发展的政策。2018 年 3 月，印发《关于促进物流业发展的指导意见》，明确物流业中长期发展原则与目标。2017 年，2 家企业被列为首批全国公益性农产品批发、零售示范市场。本地企业承接商务部物流扶贫项目，加快农产品流通体系建设，支持冷链物流标准化体系建设，落实冷链固定资产投资项目 15 个、股权投资项目 9 个，带动社会投资 60 多亿元。乌鲁木齐市、巴音郭楞州以及新疆果业集团有限公司等 10 家企业分别获评农产品冷链流通标准化试点城市和试点企业（新疆维吾尔自治区地方志编纂委员会编辑，2018：206～207）。

陕西省印发了《陕西省物流业发展中长期规划（2015—2020 年）》，要求找问题补短板，推进物流业转型升级。2018 年 12 月，国家发改委和交通运输部共同发布《国家物流枢纽布局和建设规划》，陕西省西安市、延安市、宝鸡市入选国际物流枢纽承载城市。2018 年陕西省社会物流总额为 50718.6 亿元，其中农产品物流总额为 1684.23 亿元，占 3.3%，物流相关行业实现总收入 2637.1 亿元，总费用为 3722.4 亿元（陕西年鉴编纂委员会编纂，2019：

130）。2020 年陕西省社会物流总额达 50266.6 亿元，其中农业品物流总额占社会物流总额的 4.2%，增长 15.2%，增速较上年提高 6.1 个百分点（陕西年鉴编纂委员会编纂，2021：216）。

第二节　乡村集市推动农村物流发展案例解析

一　农村物流发展加速货物流通

西北地区构建农村物流体系，形成高效合理的物流网络。建立农村物流园区、农村物流综合服务中心、农村物流货物集聚点等节点，与公路、铁路、航空等线路连接，组成多功能物流网络体系。一方面，农村物流发展促进农村经济发展。农村物流发展加快农副产品的流通速度，保证冷鲜蔬菜、新鲜瓜果及时送到消费者手中，确保农产品价值增值，促进农民群众增收，例如，湟源县农产品物流体系和冷链物流加快货物流通，促进农村经济发展。农村物流的发展能够加快农业资金的周转速度，刺激农民群众投入生产，推动农产品向工业化、商业化发展。农村物流中心向周边地区辐射，货物集聚点形成扩散效应，并将货物不断地向物流中心集中，形成回流效应，物流相关专业知识的传导形成技术外溢效应，都能够提高农村产业的综合竞争力，促进农村产业规模经济的形成，推动农村产业结构的升级。另一方面，农村经济发展反过来会进一步促进农村物流业的发展。农业生产现代化、农村城镇化不断发展，促进农产品从货源地向集散地聚集，刺激农村物流发展带动农产品流通，形成具有区域优势的农业产业链，根据市场需求调整农村产业结构，促进农业产业化升级，增加农民收入，支持农村建设，推动乡村振兴。

案例 6-1　农村物流带动农副产品流通

青海省湟源县健全农产品市场流通体系。一方面，加强乡村集市建设。2017 年申中乡建设青藏高原特色农畜产品交易中心，包括种子、蔬菜、中药材、饲草交易区以及冷藏保鲜库。可运用先进的保鲜技术来提高产品附加值，促使地方特色菜进入更多市场，减少农产品积压，增强菜农抵御市场风险能力。另一方面，加强冷链物流建设。学习冷链物流综合示范项目，改造农畜产品流通网络，建立集约高效、便捷安全的农畜产品流通体系，实现肉类可追溯体系建设，保证百姓吃上放心肉，最终实现"便民、利民"的目标。

随着农村物流的不断发展，农业区域化优势逐渐形成。西北地区农业是经济发展的支柱，工业和第三产业发展缓慢。在农业发展中至关重要的一个环节就是农村物流服务体系，其直接服务于农产品的生产与销售环节。农村物流快速发展可以促进农产品在物流过程中快速增值，降低农产品生产与流通成本，减少交易所产生的物流费用，进而解决农产品卖难和农民增收难的问题，带动农民增收，从而提高农业生产的整体效益（李宝军、王建林，2013）。例如，六盘山地区的宁夏海原县、西吉县环境洁净，日照充足，具有发展特色农牧业的天然优势，通过建立县级集市综合批发市场、乡镇集市、十字路口集市，将农牧产品分拣、分割、计量、组装、分级、价格贴付、标签贴付、商品检验检疫，再运往各地。规范农村物流经营方式，形成区域特色农产品物流体系，将会大大增加农产品价值，如西吉县单家集交易市场。

案例 6 - 2　集市牛羊交易

宁夏西吉县兴隆镇的单家集乡村集市位于六盘山西麓，这里自古以来就是方圆百里有名的旱码头，202 省道穿越整个单家集村，将其分为单南村和单北村。单家集乡村集市每逢农历单日为"赶集"日，主要开展牛羊、皮毛、农产品、日用百货等交易，年交易额为 50 多亿元。集市大约两公里的街道两侧，排列着大大小小上百家商铺、四五十家餐馆和几家宾馆，形成牲畜交易、商品流通、餐饮住宿等业态。2013 年政府将单家集乡村集市进行扩建，牲畜交易市场由原来的 5 亩扩建至 75 亩，客商既有本地的，也有山东、云南、内蒙古等地的。政府扶持农户饲养牛羊致富，每逢集市，牛羊交易量达到几百头，甚至几千头，这在全区实属罕见，据统计，2020 年本村居民收入超过 1.8 万元，位居全县第一。随着经济的发展，单家集农村物流业迅速发展。一是个体运输业，农村青年攒钱或贷款购买拖拉机、客货汽车、货运长途汽车，运输牛羊、农副产品以及日用百货，满足群众的生产生活需要。二是物流公司，例如，邮政物流、京东物流、德邦物流等都在此设立物流分公司或物流货运点。

经济社会发展程度不断提高，地区相应的物流需求量也会增加，改革开放以来，中国经济进入高速发展的快车道，交通运输等基础设施不断完善。西北地区努力发展第二、三产业，不断调整优化产业结构，已经形成"三二一"型较为合理的产业结构。经济发展带动物流发展，促进市场物流供给增加，特别是农村物流获得前所未有的发展，物流行业需求不断提升，物流市场日趋繁荣。此外，国家"一带一路"倡议给西北地区经济社会发展带来机遇。借助国家"一带一路"倡议，可以将西北地区的农牧产品、民族工业产品销往国外，提高产品的知名度，增加群众的经济收入。产品的外销，还可以开阔偏远地区群众的视野，将新信息新知识应用到生产生活中，促进乡村振兴。

二 农村物流发展打通运营末端

西北地区地域辽阔，自然资源丰富，是通往欧洲的陆上运输路线，地形以高原、盆地、沙漠为主，夏季日照时间长，昼夜温差大，适合农作物生长，瓜果甜美、蔬菜营养丰富，这种独具特色的资源条件为物流企业发展提供天然良机，例如，甘谷县借助农村物流将本地苹果卖到上海大市场。西北地区农村物流发展可以促进农业生产现代化。农村物流使农业种植、加工、销售等环节，通过大型物流企业的桥梁作用、小型物流企业的辐射功能，有效链接农民与消费者。农村物流把消费者的个性化需求信息传导给农民或农业生产者，通过订单农业扩大专业化种植规模，从而使农业生产走向现代化。农村物流为农民供应种子、化肥、农药、农膜、农机具、柴油等农用物资，保障农业生产的时间、季节效应，促进农业生产走向现代化。

案例 6 - 3　农村物流连接大市场

甘肃甘谷县依托乡镇物流服务站，采用邮政公司在乡镇集市、交通十字路口集市、偏远地区规模较大行政村的村头集市自建物流点，农村小超市、商店、小卖部自愿加盟，农村网店代办物流业务等多元化形式，打造现代农村物流体系，疏通末端服务支撑点，打通了农村物流"最后一公里"。同时，构建农副产品质量追溯体系，保障公共消费安全，并且加强以农村青年、返乡大学生、村干部等为骨干的农村物流队伍建设。甘谷县苹果、花椒品质优良，因地处偏远、销售渠道不畅，农民增收难，在社会力量帮助下建立"马耳峪村互助供销合作社"微店，借助"上海新年音乐会"推介，将苹果销售到上海大市场，把群众与外面的世界连接了起来，促进了苹果等农产品产业化发展。

农村物流发展需要良好的农村公路，包括县级公路、乡镇公路和村公路，农村公路的完善有助于改善农村投资环境，并加快农业资源开发、矿产资源开发、农村旅游资源开发。青海、新疆、甘肃部分地区的农村公路以县为中心向乡镇呈辐射状，乡镇与乡镇之间、村与村之间不易互通。农村公路平均线路较长，农村物流成本高、效益低，农村物流需要推进城乡客运、货运网络一体化，促进农业产业化。

案例 6 - 4　农牧业品牌化

甘肃夏河县创建了"原生夏河"品牌，由政府主导，企业为主体，农户个人参与，并建立了县、乡、村三级电商服务和物流体系，促进牦牛乳清、火锅底料、风干牛肉、羊肚菌、藏香、有机肥料、手工铜器、藏毯等农牧产品批量生产，并销往全国各地，多形式、多渠道、多思路引导群众致富。

一方面，农村客运、货运线路实行冷热线、干支线搭配，捆绑经营或片区化经营，保障偏远或贫困地区农牧民出行，对于经营农村线路的车辆给予政策优惠和货币补贴；另一方面，引导客运、货运经营者规模化集约化经营，提高运输效能，因地制宜建设农村交通站，从而推进农业产业化，带动偏远地区农村发展（屈磊、艾力·斯木吐拉，2011）。

案例 6 - 5　物流业务延伸到大山深处

宁夏彭阳县积极发展物流企业向农村延伸业务，根据估算，每辆物流车携带200件包裹才能收回成本，而农村物流货物量少，时常贴钱运营，政府为推动农村物流发展，以"企业牵头，政府助力"的模式，给予企业政策补贴，2017年每单上行、下行各补贴2元，2018年每公里、每个包裹分别补贴0.7元、1元，到2019年调整为1.5元、0.7元，破解传统城乡二元模式下被分割的"农产品进城，工业品下乡"问题，进而推进农业产业化发展。

三　农村物流发展增加就业机会

西北地区农村物流发展可以带动以运输业为主的第三产业发

展，从而增加更多就业岗位。农村物流发展要求对农牧产品生产、加工、分拣、包装、运输、仓储、销售等环节运用现代组织和管理方式进行整合，实现一体化经营，并且需要大量的劳动力从事相关服务。首先，农村物流发展使农业领域社会分工细化，要求农业生产、加工、销售的团队更加专业化。其次，农业领域社会分工的细化能够产生更多的就业岗位，吸纳更多的农村劳动力就业。最后，农村物流发展会促进农产品结构和品种的调整，降低农业生产的盲目性和风险性，增加涉农专业技术岗位，带动大中专毕业生就业。

从 2013 年开始，国家根据不同区域环境条件、不同群众现实情况，投入大量的财力、物力，制定各种有针对性的政策，交通运输环境逐步好转，农村物流快速发展，增加了就业岗位，偏远地区群众生活获得极大改善。同时，国家提出巩固脱贫攻坚成果同乡村振兴有效衔接，对带动西北地区传统农业生产方式的转型升级有积极的影响，需要构建全新的农村物流体系加速转变农产品销售方式，推动农村现代化的步伐。

案例 6－6 农村物流发展带动就业

宁夏彭阳县地处山区，村庄大多在塬上或山坳里，位置偏僻，货物规模小，分布零散，农村物流成本高，2016 年成立三泰物流快运有限责任公司，整合申通、圆通、韵达、百世汇通、邮政等 8 家物流企业，统一调配物资、人员，开通 4 条从县城到农村的线路，8 辆物流货车覆盖全县所有行政村，每个村建立一个物流包裹收发点，每个乡镇建立集中物流包裹收发站，实现从县级物流分拨中心到村级网点 24 小时到达，通过培训，带动 550 人创业就业，带动农户 200 人开展网络销售。据统计，2018 年每月平均向农村运送货物 3.5 万件，向外发送货物 3000 件，每年发出包裹达到 45.6 万件。

四 农村物流发展拓展消费领域

农村物流体系是开拓国内外农牧产品消费市场的重要手段。西北地区的许多农牧产品、民间手工艺品在国内外一直享有声誉。然而，自然地理条件以及经济社会发展水平的限制、农村物流体系的不健全，导致上述产品不能及时运往消费市场满足消费者的需求。在互联网迅速发展的新时代，农村现代物流配送速度快，辐射面广，不仅能够为消费者提供真实、准确的产品信息，降低消费者在选择产品时的盲目性和不确定性，而且能够有效提升农产品的流通速度，特别是为一些新鲜产品提供最佳的保鲜时间，从而提高经济效益，增加群众收入。

案例 6 - 7 东乡产品进大城市

甘肃东乡县农村物流与农村电商融合发展，带动群众增收致富，2017 年借助农村物流销售"东乡贡羊"，主要销往北京、上海、广州等城市，成交额为 300 多万元，带动百余户家庭户均增收约 8000 元。2018 年 6 月，东乡唐汪大接杏在网上促售，销售 3500 多单，近 30 吨，通过农村物流快速发货，确保新鲜大接杏进入一、二线城市，获得消费者好评。

农村物流体系是解决农牧产品流通问题的有效手段。西北地区农牧产品传统营销方式通常是经营者直接去农村或农贸市场收购产品，然后分散运输，如果遇到风吹雨淋或其他突发性事件，产品的安全问题很难得到保障。农村现代物流企业特别是大型企业，能够有效地将农牧产品生产和市场结合起来，有完整的产销物流体系、规范的物流销售程序，并且常常几家企业协同合作，采取封闭型流通通道，能够确保农牧产品在生产、收购、运输、仓储、加工、配送诸环节的安全问题，为产品流通提供安全保障。

案例 6 - 8　邮政专线连接生产者与消费者

青海地处青藏高原，环境洁净，绿色有机农业得天独厚。青海构建公路、铁路、航空物流体系，搭建市、县、乡（镇）、村四级农村物流网络，依托邮政专线，打通农村物流"最后一公里"。每天，邮政专车准时将党报党刊送到乡镇，又将农村山货运到大山外销售。例如，青海近年来凭借邮政专线的有利条件，黑金刚土豆、枸杞、牦牛肉、马铃薯粉条等产品销售旺盛，有力地促进了农民群众增收致富。

近年来，国家对西部地区给予特殊的政策、资金扶持，西部地区经济社会发展较快，生态环境持续改善，群众生活逐步好转。新时代西部大开发政策是西北贫困地区的新机遇，可以推动西北地区与其他地区以及国外进行商品流通和经贸往来。随着西部大开发的推进，国家基础设施建设财政支出向西北地区倾斜，公路网更加完善，铁路网逐步扩大，政府积极出台鼓励企业投资的优惠政策，这将促进国内外物流企业的广泛关注和进入，不断注入先进技术、管理经验、投资，给物流业带来新活力（苏生成、张丽婷，2014）。经济社会快速发展，带动农村经济获得新生，农村物流企业也迎来新的发展机遇，带动乡村振兴。

第三节　乡村集市推动农村物流发展的因素分析

一　软硬件设施因素

西北地区受自然环境制约，经济社会发展缓慢，工业化、城镇化水平较低。区域之间的自然条件差异性较大，农产品种植和产量有很大的不同，农村物流货运量具有明显的季节性和地域性特征。此外，这些地区经济社会发展缓慢，城市与农村之间、城市与牧区之间、农区与牧区之间发展差异较大，乡村振兴任务繁重。长期以来，农民群众分散居住、分散生产，农产品市场规划缺乏合理性、科学性以及经济性，导致基础设施建设存在盲目性，建设成本高，使用效率低，既增加了农产品市场的交易成本，也制约了农产品市场的发展（刘月富，2012）。群众形成自给自足的生产关系，对物品需求相对单一，物流配送运营成本高，影响农村物流集约化发展。

此外，由于历史、地理环境资源的限制，交通运输条件相对落后，虽然国家实施扶贫开发、西部大开发战略，基础设施条件取得显著改善，但是与东部发达地区相比还有很大差距，物流交通运输基础条件薄弱，辐射能力有限，公路网络化程度低，现有的许多乡村公路因路面质量较差，无法承担大型运输车辆通行，货物运出与运入只能通过小型运输工具完成。青海、新疆部分乡镇距离县城有上百公里，物流市场总量低，单位配送成本过高，送抵时间长，基层物流投递网络不足以支撑其日常运营，且建设难度大，末端营业点对农牧区的支撑力降低，农村物流交通水平很难满足乡村振兴的需要（刘畅、刘鑫，2017）。例如，新疆面积大、地貌复杂，新鲜水果、乳制品、牛羊肉等运输冷链不完善，就会导致食品变质，影响销售。

二 信息化水平因素

农村物流企业社会化程度低。物流运营依靠传统的公路汽车运输，分散经营，规模普遍较小。有的物流企业只有几辆车和几个员工，甚至依靠亲戚朋友等做产品运输，有的物流企业没有自己的运营车辆，接到运输业务才临时从其他企业或个人处租用车辆，这些企业业务量少，经营形式简单，在不同的季节和货源条件下采用不同的价格标准，缺乏科学合理的统一口径，随意性较大，物流运营成本较高，信用度较低，不利于可持续发展。农产品现代化物流体系的建设对于农产品经营企业和农产品物流企业都有一定的带动作用，但是西北地区农产品现代化物流企业处于分散状态，不能充分施展现代化物流行业中计算机管理和网络技术的优势，物流企业的规模效益不高，农产品物流管理技术落后，物流渠道节点分布缺乏整体规划。

农村物流信息化程度低。农村市场主体发育程度不高，农业信息化程度较低，整个物流供应链流程信息不够通畅。一方面，在生产环节，农民群众主要依靠分散经营，以传统的方式获得生产信息，生产带有盲目性和不确定性；另一方面，在流通环节，乡村集市仍然是农民群众销售农牧产品、手工艺品的主要场所，虽然各地的乡村集市有一定的数量和规模，但是大多数集市设施简陋，有些只是简单地提供交易场地，加上管理不到位，普遍存在场地脏乱、经营档次较低、商品质量参差不齐等现象。乡村集市信息流通缓慢，交易双方很难及时获得交易所需准确信息，生产者和消费者之间缺乏有效的衔接组织，这些都严重制约了农产品的生产和流通，导致小农生产无法对接千变万化的大市场，虽然农民群众为产品投入了巨大的劳动力，但是获取的经济收益十分有限。同时，区域内各种运输方式之间衔接不够顺畅，综合运输网络建设存在不足，物流设施分布散落，规模偏小，缺乏聚集效应。信息技术在物流企业的应用较少，货物配送依靠传统的电话、微信等方式传送，没有构建完备的信息网络平台，存在信息输入与输出不对称、不透明现象，共享率和利用率偏低，导致物流运营者因信息不畅通蒙受经济损失。

三 运营规范化因素

大型物流企业抢占西北地区市场，本地物流企业发展面临严峻挑战。近年来，国家给予西部地区诸多优惠政策，国内许多大型物流企业进军西北地区，抢占物流市场，挤压本地物流企业发展的生存空间，使其面临严峻挑战。鉴于物流企业在经济社会发展中的作用日益明显，西北地区的物流行业竞争日益激烈，各省区政府纷纷出台优惠扶持措施，促使物流企业整合发展。

西北地区物流市场管理不规范，物流服务体系发展面临严峻挑战。陕西、甘肃、青海、宁夏、新疆物流发展起步晚，物流企业多属于中小型企业，服务质量比较低，提供就业岗位数量不多。农村物流还处于粗放型传统运输阶段，市场分散，货物资源不集中，农村物流市场长期无序竞争，以压低价格获取市场份额，服务意识不强，没有构建完善的、标准的服务机制，缺乏完善的物流管理规范体系。随着现代化进程加快，越来越多的客商、农户、企业对物流服务质量提出更高要求，西北地区物流企业管理及服务意识有待向高质量挺进。

四　运营人才因素

农村物流运营人才总量不足。西北地区农村物流已经进入了乡镇，与农民群众的日常生活紧密相连，但是农村物流的运营人才整体匮乏。究其原因，一是传统观念认为农村物流是简单的体力劳动，主要是司机和搬运工，薪资报酬相对较低，文化程度较低或没有专业技能的劳动力才会从事；二是农村经济、教育、医疗卫生条件较差，农村青壮年选择外出务工或从事种植业、养殖业，农村留守者很少能从事物流工作，接受过物流专业训练的高素质技术人才难以被吸引到农村工作，致使农村物流工作者供给不足。物流专业技术人才有较强的信息敏感性，能够及时捕捉政策制度信息和货物资源信息，在一定程度上是促进该地区物流快速发展的重要驱动力量。但是相比较而言，中东部地区经济社会发展水平较高，就业创业机会多、发展前景好，物流专业毕业的高素质人才因西北地区薪资待遇不高，发展前景难以预料，流向经济社会发达地区。甘肃省面对农村物流人才的缺失，通过培训乡镇干部、未就业大学生、返乡农村青年，帮助农民群众开办农村物流网点，拓展农产品销售渠道，促进群众增收。

农村物流发展的复合型人才匮乏。按照传统的物流人才分类，高级物流人才负责宏观规划、决策制定；中级物流人才指导和监督物流作业；初级物流人才负责仓储运输，偏重体力劳动。西北地区农村物流的特点是分散性、季节性、多样性，例如，在春耕时节，需要大量的化肥、种子、秧苗、农药等，需要搬运到田间地头，农村物流的体力员工需求量大；在收获时节，需要将新鲜的瓜果、蔬菜进行专业包装、仓储、运输，需要专业技术人员合理调配时间，需要中级、初级物流人才合作。农村物流网点散乱不成体系，需要中级、高级物流人才统筹安排，但是农村物流企业人力资源管理不健全，对物流专业技术人员缺乏重视，企业更关注物资流通和交换，许多农村物流网点仅限于收发快递，服务意识淡薄。接受短期培训的中级、初级物流运营人员对整个物流企业运营体系的掌控能力有限，农村物流的整体水平不健全，严重影响农村物流发展带动农村经济发展，促进乡村振兴。

第四节　乡村集市驱动农村物流发展的路径选择

一　以集市为节点强化农村物流市场定位

"一带一路"倡议的提出给西北地区农村物流带来前所未有的发展机遇。随着经济全球化进程的加快，国内道路货运、仓储、货运代理等市场对外开放程度也进一步扩大，西北地区应合理配置资源，在"一带一路"倡议中找准物流建设重点。新疆做好"桥头堡"，甘肃做好"黄金段"，青海做好"战略通道"，宁夏做好"战略支点"，陕西做好"新起点"，促进各区域在物流运输中的协调发展与协同增长，抓紧现代物流建设和对外贸易发展机遇，积极打造物流的增长极，实现西北地区的协调发展（刘永利、董春凤，2016）。新时代西部大开发战略的提出对西北地区农村物流发展是重要的战略机遇。进入新时期以来，西北地区经济社会发展取得巨大的成就，但是区域之间发展不平衡不充分问题依然突出。西北地区大多数地区既是民族地区，也是革命老区，乡村振兴的任务依然很重，应加强现代物流网络建设，加强横贯东西、纵贯南北的运输通道建设，推动现代物流服务体系建设，从而推动农村经济社会发展。

加强农村农产品市场中介组织建设，构建功能齐全的农产品批发市场，对初级农产品市场进行升级改造，逐步向中高级市场转变，加强调控和规划，逐步完善市场功能体系，使批发市场成为市场主体供应链的组织者和管理者。扶持农民合作组织、农业行业协会、农业合作社等农村市场中介组织，它们是链接农民与市场的纽带和桥梁。以乡村集市为基础，加强农超对接。连锁超市、便利店等通过示范引导、自愿进入，形成连锁经营、物流配送等经营方式，建立标准化的农家店，形成以城区店为龙头、乡镇店为骨干、村级店为基础的农村消费经营网络。采取洽谈会、展销会等多种形式，创造供需双方见面与沟通的机会，使更多的超市和农民专业合作社参与农超对接，发挥集市作为农产品进入超市的节点功能，对于生鲜等特色农产品，集中发往周边大型超市，减少农产品因腐烂给农民群众造成的损失，增加农民群众的收入，推动乡村振兴。

二 以集市为节点完善农村物流基础设施

西北地区加强交通运输基础设施建设，完善交通运输网络，提升交通运输的广度和深度，加强以高速公路为主骨架和以县乡公路为支撑的公路网建设，实施以铁路布局为主的交通枢纽工程，完善综合运输网络布局，促进各种运输方式衔接与配套（王娟娟、曾倩，2013）。健全农产品市场流通体系，政府应合理规划布局综合批发市场、乡村集贸市场，加强对农产品加工、包装和运输的管理。政府应鼓励商贸企业、物流企业之间以联合、加盟、并购等方式促进农村物流发展。提高农村物流企业装备能力。政府要通过政策制度支持、金融机构信贷或财政补贴、优先土地使用权等优惠措施，鼓励各地发展农村物流体系。物流企业应该配备叉车、冷藏车、吊车、托盘车等，提升现代化服务水平，完善冷链仓储和冷链物流配送设施，解决生鲜农产品配送瓶颈问题，确保不宜存放的新鲜农产品及时快速地运往全国的批发市场和集市。建立农产品网络订单系统、运输管理系统、仓储管理系统等资源化共享平台，提高物流企业的标准化水平，使得企业与企业之间、企业与消费者之间、消费者与农户之间、企业与农户之间实现有效的信息沟通（李红、陈治国，2011）。

同时，加强西北地区农村物流的信息网络化建设，提高信息服务质量。根据信息网络发展水平，充分利用各地区已经建成的信息平台、网络资源以及信息技术成果，在此基础上加大资金投入，逐步完善农村物流信息网络和终端建设，提高信息网络管理水平。一方面，建立信息预测体系。收集整理涉农消费品、农用物资相关数据，在对数据进行分析后研判市场供需结构，预测市场供求信息并及时发布。另一方面，建立市场信息管理体系。构建农村物流信息管理机制，整个农牧产业链上，从生产、加工到销售，所有资源共享、信息共用，并通过网站或服务机构大厅显示屏对外公开，减少因农村物流运营中的不确定性给企业、农民群众造成损失，提高农村物流服务水平，促进农村发展。

三 以集市为节点构建农村物流服务体系

西北地区构建农村物流网络，形成县级农村物流中心、乡镇农村物流集散站、村级农村物流点"三级"农村物流服务体系。以乡村集市为农村物流的节点，打通农村物流"最后一公里"，创新物流运营模式。乡村集市作为农副产品仓储、分拨与集散站，能够推进物流企业、快递公司向集市周边集中，发挥集聚效应。地方专门配备物流配送车给农民送货至农村，再由物流配送车将村级物流集散点囤聚的农产品运往集市集散站简单分拣处理，发往上级物流中心，运往全国各地，促进"农产品进城，工业品下乡"。

加强市场体系建设，提升农村物流服务质量和效率，西北地区各省区政府统筹安排，根据国家规划和扶持政策，每年在偏远地区建设一定数量的乡村集市，并且对破败的老旧集市翻修，在人流量大的地方修建标准化农村连锁超市。在一定时期内建成以县（市）

级大型综合批发市场为主干，乡镇集市为中转站，农村连锁商店或超市为网络点，集农副产品收购、分拣、储藏、保鲜、冷链运输配送和批发销售于一体的农村市场物流体系（陈志新，2009），提高物流标准化程度，带动乡村振兴。

四　以集市为节点健全农村物流运营环境

政府要与物流企业、农户之间建立有效的沟通机制，切实解决农产品物流企业在货物运输、包装、加工等方面遇到的困难，维护物流企业的合法权益。例如，企业招聘贫困群众就业，政府可以给予一定的资金补贴。政府应出台政策，营造良好有序的农产品销售、流通环境，制止企业随着淡旺季的变化随意抬高或压低价格，侵害农民群众的正当利益。政府应对信誉良好的企业进行奖励、宣传，使得农户愿意将自己的农产品委托给第三方物流企业运输。西北地区可以建立物流联席会议工作机制，发挥宏观指导、综合协调的功能，各省区不但要制定自身的发展规划，还要与其他省区沟通协调，共同打造畅通的物流体系，以物流发展带动农村经济社会发展。

政府切实维护好物流市场秩序，制定相关规章制度，限制物流企业之间采用恶意价格战打击对手的违规行为，坚决制止某家物流企业垄断物流市场，伤害其他物流企业或者消费者的利益。创新农村物流服务机制，建立灵活多样的交易方式，健全规范合理的管理制度，防止企业之间恶意竞争。加大农村物流监管力度，市场监管部门对经营农村日常生活用品的商家、生产加工农资产品或农牧产品的企业实行注册登记，对乡村集市上的商贩进行动态检查，坚决打击扰乱市场的行为，对违规经营者进行严格的市场监管，严重违规者，注销其经营资格。不定期开展检查或随机抽查农村市场产品，坚决杜绝"三无"产品和假冒伪劣商品进入农村市场，依法保护消费者合法权益（陈志新，2009）。

五 以集市为节点促进农村物流一体化

农村物流区域之间协同发展。近年来，通过整合铁路、公路、航空资源，西北地区形成以兰州、乌鲁木齐、银川、西宁、西安为中心的物流网络，辐射范围涵盖西北地区的大部分区域，实现了物流网络一体化整合。物流业务以铁路为主干线，在高速公路、省级公路、县乡公路的基础上，引进现代管理机制，结合原有交通网络，规划建设新物流交通线路。随着交通运输线路的贯通，乡村集市之间的联动增多，物流网络的整体效应相应增强。根据西北地区区位结构，建立乡村集市节点之间的合作关系，带动农村发展，促进农民增收。引进京东、苏宁、阿里巴巴、唯品会等大型企业在偏远地区发展物流业务，改造本地区小型企业自营物流，通过物流企业之间的优化整合，扩大经营规模，提升现代化服务质量，产生规模经济效益，进而做大做强适合本地区的物流服务体系，建立战略联盟，承接制造商、供应商和零售商的物流业务，各家企业发挥自身优势，实现互惠互利（骆鹏、赵红丽，2019）。

农村物流区域内部协同发展。目前，农村物流模式主要有自产自销模式、零售商参与模式、批发市场参与模式、企业农户签约模式，每种物流模式都有其优点和不足，应促进多种物流模式协同发展。例如，宁夏农产品市场很少进行包装、加工等增值服务提高农产品的附加值，运用自产自销模式虽然流通环节少，销售收益也能够及时兑现，但缺乏物流技术支持，商品附加值低，供需半径有限。因此，需要企业与农户签订协议，由企业加工提高农产品附加值，进而增加农民群众的收入。

第七章　乡村集市与特色城镇建设

第一节　特色城镇建设

一　特色城镇建设历程

　　1983 年 9 月 21 日，著名社会学家费孝通先生在南京召开的"江苏省小城镇研究讨论会"上作了关于小城镇的发言，其弟子沈关宝整理成文并经费孝通先生审阅订正后，以《小城镇，大问题》为题，在《江海学刊》1984 年第 1 期发表。在这篇文章中，费孝通先生提出，小城镇作为大城市与农村之间的中间地带，能够缓解大城市发展的压力，促进城乡一体化。20 世纪 90 年代中期开始，中国小城镇建设更加突出别具一格的特色，依托当地历史文化资源如红色文化、江河文化、名胜古迹等，凸显民族风情、地方特色、自然风光，以此吸引游客，发展休闲旅游业，以第三产业带动经济社会发展。进入 21 世纪，特色小城镇建设采取"小镇 + 一村一品"模式，以村为单位，根据资源禀赋结构，按照市场需求，发展市场潜力大、具有区域优势的主导产品和产业。小镇是农业产前、产中、产后服务的基地。农业农村部公布的全国"一村一品"示范村镇名单中位于西北地区的有：青海省化隆县德恒隆乡石乃海村的卡日岗土鸡、互助县林川乡马家村的荷兰豆；宁夏盐池县青山乡古峰庄村的滩羊、海原县高崖乡草场村的西甜瓜、西吉县火石寨乡沙岗村的马铃薯、泾源县泾河源镇龙潭村的肉牛、彭阳县红河乡友联村的辣椒、固原市原州区张易镇的马铃薯；新疆维皮山县皮亚勒玛乡兰干库勒村的皮亚曼石榴；等等。

　　2013 年 12 月，中央提出经济发展进入"新常态"，特色城镇化建设为适应宏观经济结构调整也进入新的历史阶段，由过去粗放型的发展转变为精细型的发展，强调特色城镇建设应因地制宜、灵活多样。最典型的是浙江省建设的特色小镇，政府主导或者提供服务，灵活引进民营经济体，大多数特色小镇利用企业集群支撑，通过全球产业链产品进入国际市场，例如，杭州的硅谷小镇、智慧小镇。党的十八大以后，国家非常重视特色小城镇建设，出台了一系列支持小城镇发展的政策、法规、制度，全面推进特色小城镇可持续发展。特色小镇建设对经济转型升级、新型城镇化建设都具有重要意义。2016年，国家发改委、财政部和住建部三部委联合下发《关于开展特色小镇培育工作的通知》，计划用5年时间在全国培育1000个左右各具特色、富有活力的休闲旅游、商贸物流、现代制造、教育科技、传统文化、美丽宜居的特色小镇。2016年8月，住建部发文要求各地推荐发展前景良好的特色小镇进行培育，10月，国家发改委又发布了《关于加快美丽特色小（城）镇建设的指导意见》，要求各地依据地区资源禀赋、产业、文化的差异性，建设形态多样、风格迥异的特色小镇，防止相互照抄、千篇一律的建设模式。

党的十九大后，国家对小城镇建设除强调"特色"以外，更加注重"小镇＋新经济体"融合发展，小镇建设更加注重产业结构、运行模式，强调绿色、环保、可持续发展，依据企业家的创新精神，结合公共服务资源，以新产品、新结构、新生态，修复城镇、修缮产业。2017年，中央政府工作报告中强调在条件成熟的县、大型镇建设特色小镇，12月，国家发改委等部门联合出台《关于规范推进特色小镇和特色小城镇建设的若干意见》，指出准确把握特色小镇内涵特质，推动特色小城镇建设创新型供给，满足特色小城镇建设个性化需求，不能盲目以特色小城镇建设为名，搞其他开发建设。2018年中央一号文件指出，实施休闲农业，发展乡村旅游，树立绿色发展理念，建设基础设施完善、生态宜居的特色小镇。同年9月，国家发改委办公厅发布《关于建立特色小镇和特色小城镇高质量发展机制的通知》，明确了特色小镇的发展方向、重点任务及保障措施。这些特色小镇建设相关政策的出台，可以促进有条件的小镇更好发展，推动城镇经济转型，带动小镇周边农村经济社会发展，加快城镇化进程。2021 年，国家"十四五"规划进一步强调，按照区位条件、资源禀赋和发展基础，因地制宜发展小城镇，促进特色小镇规范健康发展。

二　地区特色城镇建设

住建部 2016 年 10 月公布的第一批中国特色小镇有 127 个，位于西北地区的有 16 个，其中陕西 5 个，分别是蓝田县汤峪镇、耀州区照金镇、眉县汤峪镇、宁强县青木川镇、杨凌区五泉镇；甘肃 3 个，分别是榆中县青城镇、凉州区清源镇、和政县松鸣镇；青海 2 个，分别是化隆回族自治县群科镇、乌兰县茶卡镇；宁夏 2 个，分别是西夏区镇北堡镇、泾源县泾河源镇；新疆 4 个，分别是巴楚县色力布亚镇、沙湾市乌兰乌苏镇、富蕴县可可托海镇、石河子市北泉镇。住建部 2017 年 8 月公布的第二批中国特色小镇有 276 个，位于西北地区的有 33 个，其中陕西 9 个，它们是长武县亭口镇、勉县武侯镇、平利县长安镇、扶风县法门镇、凤翔县柳林镇、山阳县漫川关镇、镇安县云盖寺镇、黄陵县店头镇、延川县文安驿镇；甘肃 5 个，它们是永登县苦水镇、华池县南梁镇、麦积区甘泉镇、嘉峪关市峪泉镇、陇西县首阳镇；青海 4 个，它们是湟源县日月乡、民和县官亭镇、德令哈市柯鲁柯镇、共和县龙羊峡镇；宁夏 5 个，它们是兴庆区掌政镇、永宁县闽宁镇、利通区金银滩镇、同心县韦州镇、惠农区红果子镇；新疆 10 个，它们是乌尔禾区乌尔禾镇、高昌区亚尔镇、新源县那拉提镇、精河县托里镇、焉耆县七个星镇、吉木萨尔县北庭镇、沙雅县古勒巴格镇、阿拉尔市沙河镇、图木舒克市草湖镇、铁门关市博古其镇。

国家发改委、财政部和住建部三部委联合认定的两批中国特色小镇中位于西北地区的有 49 个，其中在民族地区的有 6 个：甘肃省临夏回族自治州和政县松鸣镇、青海海东市化隆县群科镇和民和县官亭镇、宁夏固原市泾源县泾河源镇和吴忠市同心县韦州镇、新疆喀什地区巴楚县色力布亚镇。国家通过特色小镇的认定，突破小镇发展的体制机制障碍，调动小镇发展的活力。中央财政对发展较好的特色小镇进行特殊奖励，增强城镇发展活力，带动农村地区发展，提供更多的就业机会，提高农民群众的生活水平和生活质量。

宁夏制定《宁夏回族自治区加快推进新型城镇化建设行动方案》，完善特色城镇创新管理评价体系，提升美丽乡村、特色小城镇建设质量，使特色城镇走上以主导产业为支撑、以特色风貌为灵魂、以旅游发展为基础的道路。宁夏"十三五"期间建成美丽小城镇 147 个、美丽村庄 809 个，整治旧村 3216 个（王婧雅，2021）。

甘肃省从 2016 年开始进行县域乡村建设规划编制，到 2020 年实现镇乡总体规划全覆盖，建制镇达到 73%，行政村规划覆盖率达到 87.5%（甘肃省地方史志办公室编，2019：276）。按照住建部要求，甘肃省对全省全国特色小镇进行培育、建设和成效评估，并完成特色小镇创建工作的具体要求，2018 年 5 月，出台《关于规范推进特色小镇和特色小城镇建设的实施意见》，打造体制机制灵活的特色城镇。2019 年，全省划定历史文化街区 26 片（甘肃省地方史志办公室编，2020：211）。

青海省 2019 年 4 月出台了《青海省美丽城镇（乡）建设工作方案（2019—2025 年）》，通过加强基础设施建设，完善城镇（乡）服务功能。此前，青海省已经制定人居环境治理的优化措施，形成黄南州泽库县城乡垃圾治理的"泽库模式"和海北州刚察县的"刚察做法"。2018 年，有 44 个村入选第五批中国传统村落名录，获取中央资金 1.32 亿元，完成农牧民危旧房改造 6 万户，其中建档立卡贫困户、低保户、分散供养特困人员和贫困残废人家庭等重点对象 25772 户（青海地方志编纂委员会编，2019：238～239）。

新疆制定《新疆城镇体系规划（2014—2030 年）》，构建大、中、小城市和小城镇协调发展的城镇格局。各地州开展重点城市组群协调发展规划，乌鲁木齐都市圈、克拉玛依—奎屯—乌苏、伊宁—霍尔果斯、库尔勒—尉犁、阿克苏—温宿、喀什—疏附—疏勒、和田—墨玉—洛浦等城镇组群已经形成或正在逐步形成。截至 2017 年底，新疆建成历史文化名城 11 个，名镇 4 个，名村 4 个，历史文化街区 17 个，10 个镇被列入国家特色小镇名录（新疆维吾尔自治区地方志编纂委员会编辑，2018：191）。吐鲁番市鄯善县吐峪沟乡麻扎村、伊犁州特克斯县喀拉达拉镇琼库什台村、阿勒泰地区喀纳斯景区铁热克提乡白哈巴村 3 个村庄入选中国传统村落数字博物馆建馆村落（新疆维吾尔自治区地方志编纂委员会编辑，2018：195）。

陕西编制了《关于规范推进全省特色小镇和特色小城镇建设的意见》，将"两镇"建设与实施乡村振兴有机衔接，拨付"两镇"建设奖补资金 5.85 亿元，2018 年，全省 2/3 的重点示范镇建成县域副中心，创建 21 个旅游特色名镇，45 个乡村旅游示范村（陕西年鉴编纂委员会编纂，2019：151、215）。

第二节　乡村集市推动特色城镇建设案例解析

一　商贸经济型特色城镇

2017 年 2 月，国家发改委和国开行出台《关于开发性金融支持特色小（城）镇建设促进脱贫攻坚的意见》，首次提出"开发性金融支持特色小城镇建设"的方针。西北地区特色城镇建设要区别于一般城镇建设，具有鲜明的地域特色。宁夏位于黄土高原，黄河进入宁夏后趋于平缓，有"天下黄河富宁夏"的美称，宁夏被称为塞上江南，但是位于六盘山区的宁南山区"苦瘠甲天下"，十年九旱，发展落后。固原市原州区三营镇银平公路穿镇而过，是重要的交通枢纽和中转站，自古以来牛羊交易、皮毛交易发达，带动周边农村群众发展养殖业，带动周边李旺镇、王团镇、李俊乡群众搞大汽车运输业，增加群众的收入。

案例 7-1 三营皮毛商贸小镇

宁夏固原市原州区三营镇位于六盘山区，南接固原，北连同心县，西经黄河一级支流清水河，接连名胜古迹须弥山，入围"全国重点镇"，入选首批"中国少数民族特色村寨"名录。全镇总面积为 172.58 平方千米，辖 15 个行政村、2 个居委会。三营镇交通便利，物流畅通，宝中铁路、福银高速公路、银平公路纵贯南北，是重要的交通枢纽，商贾云集。农历每逢"三、六、九"为集市，已经形成了皮毛、肉类、日用百货、牲畜家禽、瓜果蔬菜、粮油等交易专区，在银平公路两侧设有煤炭、汽配物流、粮油、活畜交易、建材、农副产品等专业市场，镇区设有农村物流企业、农村劳务市场，个体商户达千余家。

甘肃临夏回族自治州广河县三甲集镇与宁夏固原市原州区三营镇有异曲同工之妙，都位于交通要道。三甲集镇是广河县前往兰州市的必经之路，兰郎高速公路、309 省道康临公路纵贯全境，广通河从中穿过，交通极为便利，享有"西北第一集"的美誉，与甘肃省张家川的龙山镇、河北省辛集镇并称全国三大皮毛集散地。广河县根据三甲集镇集市贸易的特征，积极发展交通运输业、第三产业，扩展皮毛交易市场，建成皮毛交易中心，旨在打造集商贸流通、产业发展、康养休闲于一体的特色小镇，增加就业岗位，带动群众提高收入，推进乡村振兴。

案例 7-2 三甲集皮毛商贸小镇

甘肃广河县三甲集镇拥有以皮毛加工为主的农副产品市场，其中皮毛加工最为出名，形成了"一线三区"，即兰郎公路线、临园区、陈家区、沙家区。三甲集镇是东部工业发达地区与西部牧业发达的青藏高原地区进行商品交换的桥头堡，兴建有皮毛、茶叶、粮食、建材、牲畜等八大专业市场，道路、通信等基础设施相对完善，三甲集镇皮货商在国内连接青海、浙江、内蒙古、西藏等地，在国外延伸至俄罗斯、哈萨克斯坦、吉尔吉斯斯坦等周边国家。在皮毛商贸发展的同时，三甲集镇具有民族特色的餐饮、娱乐、牛羊肉食品加工也蓬勃发展。

同样是发展商贸经济，青海化隆县群科镇走出了一条与宁夏三营镇和甘肃三甲集镇不同的乡村振兴之路，那就是通过发展拉面经济促进乡村振兴。牛肉面是甘肃兰州市的一道美食，不仅在国内受到欢迎，而且风靡国外。化隆县群众将兰州牛肉面改造为拉面，在全国各地开设餐馆，化隆县据此实现致富。根据 2018 年统计数据，化隆县在全国 271 个大中型城市开设拉面馆 1.5 万家，从业人员 11 万人次，年经营收入约 100 亿元，拉面经济成为群众致富最直接、最有效、最方便的产业。

案例 7-3　拉面经济特色小镇

青海化隆县群科镇位于黄河谷地东北侧，四面群山环抱，牙同高速穿镇而过，面积约 104 平方千米，下辖 29 个行政村，人口约 3.8 万。2016 年 10 月入选全国第一批特色小镇名录，主导拉面经济。一方面，在拉面产业孵化基地和省拉面产业培训服务中心开展拉面技能及经营培训，采用现场教学和网络教学两种模式，学员来自周边乡镇有志从事拉面行业的青年。另一方面，拉面食材产业配送，凭借拉面电商中心的中国拉面网客户端，全国各地拉面经营者下单后，工作人员通过物流发送所需要的物品。同时，拉面经营带动牛羊肉、菜籽油以及餐具、厨具的生产配送。化隆县不断加大对拉面经济的政策、资金、技术、信息等方面的扶持力度，2017 年在群科镇投资兴建中国拉面小镇绿色产业园，占地面积约 3600 亩，被誉为集养殖、屠宰加工、冷链物流、销售配送于一体的全国拉面"中央大厨房"。

化隆县拉面小镇绿色产业园负责人 HC 告诉课题组："政府重视拉面品牌，促使拉面经济提档升级，通过拉面产业带动乡村振兴，构建集食材生产、食材销售、人才培训、技术服务于一体，带动省内、服务省外的拉面特色小镇。"

乡村集市促进特色城镇、特色集镇的建设，带动商品贸易发展，形成西北地区特有的牛羊牲畜交易、皮毛交易、民族特色饮食经济，同时促进一、二、三产业融合发展，带动农村剩余劳动力转移就业，为他们从事运输业、服务业提供机会，促进三次产业之间的人口合理流动与融合发展。特色城镇发展为分散经营的农户与现代市场之间建立起了桥梁，促进了农业产业化的形成，而农业产业化又会带动二、三产业发展，为城乡协同发展奠定基础。

二　旅游康养型特色城镇

西北地区特色城镇建设具有鲜活的乡土气息，呈现原生态乡土文化，逐渐形成独树一帜的自然景观、独具特色的生活习俗、与众不同的生产劳动，这些特殊的因素从不同角度诠释特色城镇文化的内核，彰显特色城镇强劲的生命力。例如，宁夏的民间剪纸、节日社火表演、民族传统婚礼仪式、彭阳梯田；青海的唐卡艺术、青稞酒特色城镇、丹麻土族花儿会休闲旅游业；甘肃土族七彩艺术、东乡族服饰艺术、保安族腰刀；新疆的民族歌舞、烤肉、烤馕等。

案例 7 - 4　旅游康养特色小镇

新疆拜城县铁热克镇是一个旅游康养特色小镇，下辖 3 个村、3 个社区。在维吾尔语中，铁热克是杨树的意思，因为当地山沟里生长着许多杨树，该镇由此得名。在脱贫攻坚时期，铁热克镇十几户村民联合成立了当地第一家乡村旅游合作社，他们将村子附近的湿地公园升级改造成乡村风情游景点，依托铁热克温泉和铁热克森林公园等景区的影响力，发展乡村旅游。在餐饮方面，合作社非常重视餐饮卫生，狠抓食材质量，保障住宿舒适度，获得了游客的好评；在零售物品方面，合作社主打农村土鸡、农村土鸡蛋、地方特色酸奶、民族小吃、民族特色饰品、手工艺品等，深受游客喜爱。每年旅游旺季，这里就会形成一个季节性集市，偏僻的小山村也变得热闹起来。

从案例 7-4 可以看出，新疆拜城县旅游康养小镇利用区位优势，形成"文化体验 + 旅游"模式，将自然资源（如杨树）、人文资源（如歌舞、民族风情）与餐饮、民宿、民间手工艺品、特色农副产品联系起来，进行二次创作，实现本地文化资源与旅游要素的深度融合，构造旅游新业态，吸引游客。来自浙江的游客 ZJK 告诉课题组："在这里吃的农家饭很地道，现场演的维吾尔族婚礼上，新郎戴着小花帽，新娘穿洁白婚纱，伴随欢快的音乐，与客人一起跳民族舞，这是我向往的田园生活，感觉很美妙。"

旅游康养特色小镇发展促进当地特色产品的销售，带动当地的第三产业发展，推动农村经济社会发展，促进农民群众获得务农以外的收入，同时也能够增强群众致富的主观意愿，群众跟着特色小镇扶持政策"撸起袖子加油干"，改变潜意识中的贫困文化思维方式，达到脱贫"扶智"和"扶志"的效果。铁热克镇维吾尔族群众 WD 说："在合作社成立的时候，我没有钱入股，就在这个集市上烤羊肉串，每天都有收入，现在来旅游的人特别多，生意好得很，希望有更多的游客来这里游玩，我会好好经营，守住旅游致富的'聚宝盆'。"

以旅游康养特色小镇带动区域旅游经济发展。国家对少数民族地区的政策好、投资多、扶持力度大，地方政府一方面利用国家各项优惠政策持续改善基础设施，加强民族文化建设，例如，甘肃裕固族文化休闲旅游小镇打造特色小镇旅游康养的"卖点"；另一方面强化旅游扶贫宣传，通过电视、广播、报纸等传统媒介和抖音、微博、微信等新媒介进行营销，打造特色小镇旅游康养的"热点"。同时，地方政府积极引导贫困人口从发展旅游的"受益者"转变成"推动者"，促进旅游康养特色小镇可持续发展。

案例 7－5　裕固族文化小镇

　　甘肃肃州区黄泥堡裕固族乡黄泥堡村被国家民委确定为全国第二批少数民族特色村寨后，政府着力打造以裕固族文化为主的特色旅游，2017 年对迎宾广场至集镇道路两侧进行裕固族特色改造，修建裕固族特色街门，制作裕固族图饰，安装裕固族"红缨帽"，突出展现裕固族民族文化特色。同时，推进集裕固族文化活动演出、民族服饰展示等非物质文化遗产于一体的裕固小镇项目，举办"多彩黄泥堡醉美裕固情"民族文化旅游节，吸引酒泉、兰州、嘉峪关以及省外的游客来此参观游玩，促进餐饮民俗、农家乐等旅游产业发展，带动农民群众致富。

　　肃州区黄泥堡裕固族乡副乡长 SXZ 近年来一直负责当地农村工作，他深有感触地说："依托裕固族文化旅游，村里的土坯房已经变成了砖瓦房，过去沙枣园子这个'荒草滩'变成了'金草滩'，裕固族儿女在新时代党的政策指引下，正走上致富路。"

　　西北地区保持着鲜活的地域文化，这种文化既有历史长河中积淀的传统文化，也有人类活动形成的社会文化。黄河文化、花儿文化、边疆文化、民族文化、红色文化、移民文化、商贸文化等文化元素镶嵌在特色城镇中，体现出独具魅力的人文内涵。例如，陕西宁陕县江口镇以特色村寨为基础，积极发展休闲旅游，推动高桥村群众致富，增加贫困群众的收入。

案例 7 - 6　江口镇红色村寨

陕西宁陕县江口镇高桥村被评为"首批中国少数民族特色村寨"和"第二批全国民族团结进步创建活动示范村",可以将其特色概括为"三色"。其一,绿色。高桥村位于秦岭脚下、大江河口,绿色资源丰富,在美丽乡村建设中成为山地休闲旅游的核心区,该村民风淳朴,民族传统保持完整,民族特色美食"江口点心"是一位"80 后"女性打造的品牌,手工制作、皮薄馅足、绿色食材、绿色包装,获得首届"金州工匠"的美誉。其二,青色。高桥村保留有晚清三品官员的老宅,建筑艺术精湛,是文化品位很高的传统四合院。其三,红色。高桥村曾是革命时期川陕革命根据地的一部分,是"陕西省爱国主义教育基地",1933 年革命前辈刘瑞龙在高桥村工作过一些时日,还有被国民党杀害的"西安谈判"代表张文津、吴祖贻、毛楚雄三烈士陵园。

特色城镇建设注重培育和发挥第三产业功能,无论是交通、环境、建筑风貌,还是休闲、娱乐、餐饮,都注重满足居民物质和精神生活需求。西北偏远地区是乡村振兴的重要堡垒,政府多措并举,盘活偏远地区的特色资源,利用旅游康养特色小镇,挖掘人文底蕴和生态禀赋,构成独特的乡村振兴的新引擎。

三　优势产业型特色城镇

一是"特色小镇 + 农业"。西北地区特色城镇建设可以选择或培育适合本地发展的优势产业,坚持因地制宜、细分领域,发展"一镇一品""一镇一业",开拓有广阔前景的市场空间,拉动消费,提升经济增长点。特色农业小镇建设可以推动农业可持续发展,例如,宁夏固原小米、荞麦、胡麻等;甘肃省定西市土豆,天水市秦安苹果;青海省海东地区蚕豆,海西地区青稞;新疆的小麦、瓜果等。

案例 7-7　富硒农产品特色小镇

新疆沙湾县乌兰乌苏镇位居塔城地区东大门，毗邻石河子市，地域优势明显，交通便利，距离县城19公里。主要农产品有棉花、小麦、豆类、蔬菜等，特别是富硒农产品享誉新疆以及内地，政府打造富硒农产品特色小镇，突出"富硒农庄、健康驿站"特点，种植富硒小米、大米、红薯等经济作物，注册了多个富硒农产品品牌，水磨人家、腾龙湾等各具特色的农家乐每年接待游客几万人次，实现营业额逾千万元，形成了以休闲观光农业为主的新格局，带动了镇域多元化发展。

新疆托甫汗稻香小镇位于新疆阿克苏地区温宿县，土壤含有丰富的硒元素，依靠天山雪水浇灌，产出的水稻等农产品品质优良，小镇享有"塞外江南、鱼米之乡"之美称，出产的稻米多次获得国家大奖，并建有稻香博物馆。同时，打造集文旅、特色农业及休闲养生于一体的旅游经济，依托"两河一滩"的万亩稻田景观，塑造大漠绿洲、塞外江南、浪漫水乡的城镇风貌。

从以上案例可以看出，新疆利用独特的自然环境优势发展富硒农产品，市场前景可观，标准化种植和规模化生产亦可提高贫困群众的收入。除此之外，政府主导农家乐等第三产业，激发农民群众致富的内生动力，促进乡村振兴。

无独有偶，宁夏盐池县的特色产业黄花菜为当地群众致富注入催化剂。地方政府将黄花菜种植作为改善民生的主要抓手，不断扩大种植面积，盐池县花马池镇几乎所有农户都种植黄花菜，通过线下销售和线上销售，发"黄花财"。盐池县黄花菜获"2017全国十佳蔬菜地标品牌"，2019年入选第一批全国名特优新农产品名录。

案例 7-8　花马池黄花菜小镇

截至2018年底，宁夏盐池县全县共种植黄花菜8.1万亩，实现总产值 1.8 亿元，成为全区最早脱贫出列县。花马池镇是黄花菜种植特色小镇，盈德村干部说全村几乎家家户户都种黄花菜，收益是玉米的 10 倍多，2019 年全村种植 2960 亩黄花菜，大部分家庭买了小汽车，在城里买了楼房。

二是"特色小镇 + 牧业"。西北地区有一部分是农业区，另一部分是牧业区，牧民群众的发展之路更加需要多元化的增收渠道。青海同仁县发展牧业的同时，发展虫草产业增加牧民群众的收入，多哇镇位于县东南部 90 多公里处，面积占全县的 1/3，全镇 6 个行政村 640 户 6600 多人，全部为搬迁后定居的牧民，同仁县为该镇量身定制发展目标，一方面加强社会治理，另一方面拓宽致富路径。2018 年多哇镇荣获"黄南藏族自治州民族团结先进集体""城乡劳动力转移就业先进单位"等称号，昔日的破旧小集镇变成黄南社会治理示范乡镇和特色小城镇建设示范乡镇。

案例 7 - 9 畜牧特色小镇

青海同仁县多哇镇是纯牧业乡镇，畜牧业是群众主要的收入来源。为改善民生，多哇镇集中人力、物力，全镇所有行政村全部建立生态畜牧业专业合作社，依托 96000 多公顷草山的丰富虫草资源，推进电商参与虫草产业发展，为 43 户低收入群众建立起了电商销售平台，直接与终端市场进行交易，改变过去等待商贩上门收购的被动情况，户均增收四五万元。

三是"特色小镇 + 手工业"。西北地区特色城镇产业发展与城镇建设相辅相成。以产业发展带动城镇建设，并将城镇建设融合在特色产业中，诸如加工制造、商贸物流、民俗体验等。通过发展特色产业吸引人力资源、资金资源、物质资源等向特色城镇聚集，从而凝聚人气，集聚财气，促进城镇产业做大做强，提升城镇的社会经济发展能力，增加就业创业机会，推动乡村振兴。例如，新疆喀什市乃则尔巴格镇的民族乐器成为群众致富的抓手。

案例 7-10 民族乐器特色小镇

新疆喀什市乃则尔巴格镇干旱少雨、经济落后，是脱贫攻坚中的"难中之难"。在政府支持鼓励下，该镇传承丝绸之路文化底蕴，用杏木、桑木、梧桐木等制作手鼓、都塔尔、热瓦普等乐器，这些乐器精巧美观，音色纯正，深受消费者喜爱，成为有名的"乐器镇"。乡村能人成立了乐器制作合作社，有近百名村民参加，平均每人月收入 2500 元左右，高的可达5000 多元。他们通过线下、线上两种方式向全国乃至国外销售乐器，乐器制作和销售收益彻底改变了农村贫困落后的面貌，合作社手艺人逐渐走上了致富的道路，日子越过越红火。

甘肃临夏回族自治州的砖雕成为偏远地区群众致富的新路径。砖雕在我国有 2000 多年历史，临夏砖雕构思巧妙，独成一派，成为河湟文化的重要代表之一，它渗透在群众生产生活中的各个领域。据不完全统计，2019 年临夏回族自治州有 3000 多人从事雕刻、安装、运输以及相关行业，年创产值 5 亿多元，其中临夏县生产砖雕最集中，年生产砖雕产品 2 万多平方米、砖雕工艺品 5000 多件，从业者 1800 多人，产品销往省内及青海、新疆、宁夏、陕西、北京、上海、天津等地。

案例 7-11 砖雕特色城镇

甘肃临夏享有"中国砖雕文化之乡"的美称，2006 年砖雕入选国家级非物质文化遗产名录。2017 年，政府按照"小产品、大产业、大市场"理念，开发砖雕产业，丰富砖雕类型，举办"全国砖雕文化传承与创新峰会暨全国砖雕传统手工技艺大赛"，通过"非遗 + 扶贫"的模式，依托非物质文化遗产资源，促进劳动力就近就业，帮助群众拓宽增收渠道。2018 年

11 月，成立临夏砖雕非遗扶贫就业工坊，通过短期、中期培训，共培训砖雕产业人才 120 人次，吸纳低收入农户 60 多人就业，人均月收入 4000 多元。

四　运动休闲型特色城镇

2017 年 5 月，国家体育总局办公厅发布《关于推动运动休闲特色小镇建设工作的通知》，要求发展体育运动惠民与扶贫攻坚相结合，多举措带动区域经济社会发展。体育扶贫是指开发或培育体育资源，兴办体育实体，使体育特色小镇形成区域特色产业，实现区域经济持续发展和贫困群众致富（梁小军、马国锋、张军、余卫平、邝鑫，2019）。运动休闲小镇是一个复杂的社会经济系统，具有多重目标属性。一方面，可以改善群众的生活环境，吸引政府、社会资源进入贫困地区修路建桥、植树种花，加强公共设施和配套设施建设，给群众生活带来更多的舒适感，并且能够有效利用贫困地区的资源，促进经济可持续发展，例如，新疆冰雪运动小镇、青海水上运动小镇，促进基础设施改善。另一方面，可以改变当地人的思想观念，建设运动休闲小镇必然带来先进的管理与技术，高素质人员良好的生活习惯以及行为会潜移默化地改变群众的观念和认识，激发群众对精神生活层面的更高需求。

案例 7 - 12　冰雪运动特色小镇

新疆乌鲁木齐县水西沟冰雪运动特色小镇位于大南山国际旅游区内，占地 3000 亩。当地政府为发展冰雪运动，一方面，修建柏油路等基础设施，保护树木、花草，保护草地、水源地和生态涵养区，改善附近农牧民群众居住条件；另一方面，对农牧区富余劳动力分批进行技能培训，提供就业岗位。该镇邻近新疆冰上运动中心，将北镇的冰雪旅游和南镇的文体康养、演艺集于一体，有机融合新疆特有的传统民俗、历史人文、生态资源，发展特色小吃、传统手工艺品加工等产业，打造冬季特色集市，开展吃、住、行、游、购、娱等一条龙服务，每年接待游客 2000 多万人次，实现营业收入 2.5 亿元，有效带动周边农牧民增收致富。

运动休闲特色小镇建设就是搭建体育运动与乡村振兴的融合点，助推偏远地区经济社会发展。根据偏远地区的地理环境，在山地多的地区搭建户外休闲运动平台，例如，冬季发展休闲冰雪运动，春夏季节发展山地休闲越野运动，拥有湖泊、河流、水库的地区搭建水上休闲运动平台。实际上，休闲运动是偏远地区依托资源禀赋结构搭建的平台，通过承办大型体育赛事、体育慈善活动，完善当地公共产品的供给，为群众提供就业岗位，引领群众走上致富的道路，带动地区全面发展。

案例 7 - 13 水上运动特色小镇

青海省共和县龙羊峡镇因龙羊峡水电站而得名，位于县城东南部，绿树成荫，景色怡人。水电站建设期间，全镇人口达到 10 万之多，后来随着水电站竣工，人口逐渐撤离，龙羊峡镇略显冷清。在国家新型城镇建设背景下，龙羊峡镇由水电小镇转型，打造宜居、宜业、宜游、宜商的"万里黄河第一镇"，发展文化体验、休闲观光、养生度假、运动健身等项目，2017年先后被评选为"第二批全国特色小镇"和"首批全国运动休闲特色小镇"。政府加强镇区自行车专用道、徒步道、足球场，以及花园、商超、住宿、餐饮等基础设施和其他配套设施建设，修建黄河大峡谷、东大山景区、土林景区。在环青海湖自行车赛等大型赛事带动下，众多体育运动爱好者来到龙羊峡镇体验户外运动休闲，政府借此修建全民健身中心、主题音乐健身广场、网球馆、垂钓平台、自驾车营地等场所，打造高原生态度假旅游。

运动休闲特色小镇打造集运动休闲、文化、保健、养老、教育、培训等多功能于一体的空间区域。运动休闲特色小镇的受众是热爱运动、向往健康生活的群体。因此，运动休闲特色小镇应当倡导绿色低碳生活方式，规划不同区位、不同模式的功能区，注重发展循环经济，培育生态理念。休闲运动的发展、公共服务体系的完善，会吸引越来越多的消费者参观、旅游，刺激当地经济社会发展，最终实现乡村振兴。运动休闲特色小镇内的群众可以借此机遇改变农业种植结构，发展观光采摘农业，生产绿色健康食品，根据运动项目，结合本地文化资源，生产、加工相关体育用品、体育纪念品，增加销售收入。例如，共和县依托龙羊湖发展绿色冷水鱼养殖业，建设美丽乡村，发展田园观光、果品采摘，支持发展农家乐，促使一、二、三产业融合发展，推动贫困群众脱贫致富。龙羊峡镇在休闲运动、乡村旅游的带动下，逐渐形成旅游集市，群众销售高原水果、藏药补品、民间手工艺品等。青海省龙羊峡镇居住的 QZ 告诉课题组："在这里卖苹果三四年了，苹果是自己家种的，香甜可口，客人喜爱，家门口做小买卖，几个月能收入 1 万多元，挺好的。"售卖藏式玉器的 LY 说："每年旅游旺季可以获得 3 万元左右的收入。"开农家乐的 NJL 说："这里旅游季节性强，每年有 5 个月左右旅游旺季，一般收入 4 万至 5 万元。"

第三节　乡村集市推动特色城镇建设的因素分析

一　发展定位因素

从西北地区特色城镇发展的实际情况看，由于地处偏远，基础设施和公共服务配套不健全，经济基础薄弱，开放程度不高，特色城镇产业发展空间很大，但是没有充分利用好。除个别拥有优质旅游资源、交通区位优势和城郊经济带动的城镇之外，大部分城镇产业发展难度大，特色城镇发展的规模、层次、成效方面有很大的提升空间。同时，受到资源、区位等因素的制约，许多特色城镇缺乏有规模、有实力的主导产业。一方面，地方政府招商引资，吸引外部资源的难度相对较大；另一方面，地方政府财力有限，大多数本地区居民经济水平不高，虽然本地有经济资源较好的群众，但大多投资意向转向外地，导致城镇发展短期内难以形成新的、大的经济增长点。

特色城镇产业发展的特色不够鲜明，并且发展后劲不足。特色城镇发展的动力源泉就是特色产业，西北地区城镇普遍存在对其他邻近特色城镇的简单模仿现象，看到别的城镇发展乡村旅游业好，在没有考证本地实际情况下就发展旅游业，导致投资多见效少。有的城镇模仿其他城镇的种养，如药材种植、肉牛饲养、土豆种植，但是没有充分认识到自己的土壤资源、气候条件等并不适合，资源潜力挖掘不深，特色不够鲜明，第一产业、第二产业和第三产业的融合度不高，没有充分挖掘出体现当地地域文化、产业发展和吸引外来投资的特色元素。

西北地区可供利用和调动的资源不多，特色城镇发展要有明确的方向，集中精力在某一点上发力的精确度不够。从政策机制看，县级政府给予乡镇发展的政策机制不够灵活多样，缺乏活力，乡镇在财税、用地、产业布局、人才引进等方面自主权较少，凡事都需要上级政府的批复、安排，导致城镇产业发展、投融资方面思路不宽，不能集思广益想办法、出主意。特色城镇培育的镇域产业定位不太明确或专一，与其他城镇存在同质性的现象。

从发展动能看，特色城镇建设重在"特色"，不能在发展功能定位上趋于雷同，要找出差异，从差异中探索发展的良机。一是特色城镇建设产业结构较为单一且薄弱。产业发展是特色城镇的核心支撑，也是特色城镇的立命之本，拥有产业强力支撑的特色城镇在建设过程中比较顺畅，也具有可持续性。西北地区产业类型趋同，主要是种植业、养殖业、民族手工业等，产业结构较为单一。二是特色城镇布局分散，很难形成合理的城镇带和产业链，缺乏创新环境，农牧业人口转移到城镇后缺乏良好的发展机会，致使就业、宜居性吸引力不强，城镇化质量不高，城镇化滞后于工业化，周边辐射扩散不足，产业集聚与人口集聚不同步。三是地方财政相对薄弱，用于特色城镇基础设施建设和公共服务建设的公共财政投入普遍较低，城镇服务体系不完善，从而导致资本投入内源性动力匮乏，综合承载能力不强（武联、李建伟，2006）。四是文化挖掘力度和展示力度不够，文化是一个地区特色城镇发展的灵魂，是凸显城镇个性和差异性的主要因素，文化"特"的基础在于资源禀赋和优势。很多特色城镇文化经营理念落后，没有充分利用文化产业，并没有做到产业定位"特而强"、功能叠加"有机聚合"、机制制度"活而新"。

二　市场拉动因素

政府与市场对特色城镇建设的热情反差较大。国家提出特色城镇建设后，地方政府出现特色城镇建设的热潮，积极筹措资金搞开发建设，却未根据本地区实际论证研究，盲目定数量，质量难以保证。由于忽视市场规律，市场反应冷淡，换句话说，政府没有做好前期市场调研，没有充分调动市场资源的积极性，难以把准市场需求的脉搏，未能遵循市场规律，未能结合地区自身的产业优势，结果是出现特色城镇建设"政府热""市场冷"的现象。

政府与社会对特色城镇建设的热情反差较大。在特色城镇建设中，融资比例不协调，政府投资比例过高，既要搞好基础设施建设，又要做好特色城镇发展定位，打造支撑发展的产业。社会资本参与特色城镇发展的比例不高，或者说社会资本没有找准合理投资获取回报的渠道，缺乏投资的热情。特色城镇建设需要大量资金，投融资风险大，地方政府有时急功近利，以出售土地开发地产的模式来融资，没有发挥市场资本、社会资本的能动性，很难发挥一个产业带动一个城镇发展的效应（叶青清，2019）。

三　品牌效应因素

2021 年 12 月 10 日,"中国特色小城镇品牌论坛"在上海举办,论坛主题是探讨"小城镇发展的新思路"。城镇品牌是指城镇之间相互区别的名称、标记、符号或设计,它蕴含着特殊的价值,能使城镇更具魅力,吸引更多的人、财、物、技术、信息等资源聚集,从而产生聚集经济、规模经济和辐射效应(袁庆林、周运锦、何琛姣,2005)。西北地区特色城镇的特色品牌缺乏形象定位,没有明确提出具体的、个性化的总结性表述。特色城镇的发展首先要强调创新,要精妙构思、精巧布局、精美策划,实际上,有些地区推广的特色产业、特色文化、特色资源等在别的地区也存在,对投资者的吸引力欠缺。从实践看,有些地区的城镇特色品牌没能充分调研,没有吸取群众的意见,导致群众对品牌的接受度和认可度不高,这就很难调动当地民众的积极性、主动性、创造性。每个特色城镇品牌都有其历史渊源和人文风貌,缺乏对当地历史文化资源和自然环境资源的深入挖掘,就很难找出该地区"独特"的资源,然而"独特"的资源才是吸引社会、市场投资的着眼点,也是发展旅游经济、产业经济、文化经济的着力点,只有这样,才能促进地区经济社会发展。

西北地区特色城镇品牌的宣传推介力度不够。一个地区特色城镇建设找准独具特色的发展品牌后,应该多渠道、多元化宣传推广,邀请专业团队进行打造。特色城镇的品牌传播应树立典型、传播经验,探寻专业、精致、新颖的发展道路,这也是推动乡村振兴的重要抓手。偏远地区特色城镇品牌宣传主要是通过报纸、广播、电视以及开展农副产品推广会等。其实,"互联网+"现代媒体传播平台的作用日益凸显,微博、微信、抖音等新媒体的传播力度更大,拓展范围更广,地方政府应用新媒体宣传不足,宣传创新性、创意性不强,结果是当地的资源没能有效发挥其效能。

第四节 乡村集市推动特色城镇建设的路径选择

一 以集市为空间建设风格多样特色城镇

乡村集市推动西北地区特色城镇建设要顺应自然地理条件。特色城镇建设应因地制宜，依据自然地理优势和人口分布结构特点确定集市集期，并建设以集市贸易为主体的特色城镇。在内陆地区要让周围居住的群众无论远近都能够顺利赶集，获得自己满意的货品交易。在边疆地区，应加强边疆贸易，繁荣经济社会发展，开阔贫困群众的视野，稳步提高边疆群众的生活水平，将乡村集市打造成为特色城镇建设的亮点，带动特色城镇经济社会发展。乡村集市推动特色城镇发展要顺应自然气候条件。西北地区气候条件复杂多样，不同的气候条件要求建立的集市也各不相同，可以根据气候特点建立季节性和农闲农忙时节性集市，特色城镇也会因为集市的变化更加具有吸引力。

乡村集市推动西北地区特色城镇建设要做好整体规划。特色城镇建设要分批次分阶段有序推进，依据人文环境、自然资源、地理条件、产业经济，科学合理地论证，制定特色城镇近期和远景规划，有步骤地循序渐进。特色城镇建设要充分发挥整体规划的引领和基础性作用，要做好集市功能区的规划布局和物流产业的合理分布，完善规划督查，走集市带动城镇发展、城镇发展带动周边发展之路。一方面，整体规划要着眼于城镇与农村经济社会发展融合推进，城镇工业体系支持农牧业发展，农牧业发展通过集市交易带动城镇工业发展，城镇与农村产业体系各展其能、功能互补、要素互动、衔接协调，共同促进乡村振兴。另一方面，整体规划要着眼于各职能机构的联动配合，提高规划的系统性、前瞻性、科学性和导向性，指导城镇建设有序开展，根据规划方案，积极统筹人力、物力和财力，形成政府组织、专家领衔、部门合作、公众参与的多主体协同模式，并加大监督检查力度，为集市推动城镇发展做好前期准备和后期保障工作。

乡村集市推动西北地区特色城镇建设要做好个性化发展。特色城镇建设要注重个性化，避免相互模仿、千城一面。一方面，城镇建设要有引领发展的支柱性产业，独具特色的农业、工业或者第三产业，保证城镇可持续发展。同时，也要实现城镇发展的多重目标，统筹城乡空间布局，促进城乡融合，让城镇经济社会发展带动乡村人居环境改善。另一方面，乡村集市建设要注重城镇的整体空间布局，结合区位、产业整体谋划、有效拆分、分期实施，在视觉上给赶集者、参观者、旅游者美的享受与体验，在功能上推动城镇特色化因地制宜发展，推动乡村美丽生态化、城镇新型产业化、城乡融合一体化（程黎君，2018）。特色城镇建设如果在现有城镇基础上改建，要充分结合已有的公共服务设施，再立足本地资源禀赋，完善配套工作；如果平地起灶，就要充分考虑区位结构、产业模式，根据区域人口数量、人口流动情况，确定城镇规模，避免无序扩张。

二 以集市为空间建设资源共享特色城镇

乡村集市推动西北地区特色城镇发展要实现人的现代化。特色城镇建设不是简单的人口比例增加和城镇面积扩张，而是要着眼于人的现代化，满足人的发展需求。加强特色城镇的基础设施建设，提升公共服务水平，完善学校、医院、文化场所、体育场所，吸引更多的人口进城，推进城镇化。鼓励社会资本依托当地资源环境优势，结合人口老龄化的特征建设健康养老、智慧养老等，做精、做强、做优特色城镇。乡村集市是城乡工农结合、方便群众生活的社会经济活动中心，应充分发挥其乡村综合服务集聚点的作用，提供商业服务并辐射周边农村群众，实现非农就业、商业服务等功能。

乡村集市可以推动特色城镇信息流通。一方面，乡村集市可以推动城镇物流发展，促进信息交流，物流业发展反过来又会推动特色城镇建设，两者相辅相成，共同推动乡村振兴。物流产业作为生产和消费之间的桥梁，利用交通便利、商贸发达、人口聚集的优势，整合提升相关业态，带动地区的消费市场与结构优化，通过满足多元化的居民需求，为特色城镇社会经济提供全新的推动力，使社会流通网络更加密集，群众之间的信息交流更加频繁，进而增强城镇空间溢出效应，促进区域社会发展（王正浩，2020）。另一方面，乡村集市建设对于加强农村经济社会的协调、促进农民群众开阔视野提高素质有着重要的作用。乡村集市建设是经济社会发展的催化剂，区域规划建设如果没有集市建设就显得不完整。

三　以集市为空间建设功能各异特色城镇

乡村集市推动西北地区特色城镇建设，要注重现代文化元素的培育。文化是一个地方的魂，没有文化的城镇是没有生命力的，要做好传统文化的保护，打造地域文化品牌名片，协调处理好文化开发与保护的关系，建设具有独特文化魅力的城镇。特色城镇的"特"在于差异化发展，发展特色城镇的文化多样性，尤其要突出民族文化、地域文化元素。一方面，西北地区城镇建设要彰显当地民情风俗，根据自身区域属性，传承和发扬本土性、原生性的日常生活文化特质；另一方面，西北地区城镇建设要依托特色地域文化，深入挖掘城镇的地方性资源，诸如特色种养产业、特色手工艺、特色饮食等，例如，依托优美的自然地理环境开发旅游资源，建设特色旅游城镇，提升城镇的特色影响力，增强文化资源在乡村振兴中的作用。

乡村集市推动西北地区特色城镇建设，要注重特色历史文化元素的保护。历史文化遗迹是特色城镇的魅力所在，最能勾起群众的"乡愁"记忆，是特色城镇发展的精神动力，这些历史文化因子包括建筑物、工艺技能、历史人物及典故等。乡村集市留下的商贸驿站、牙行、交易模式，经由历史的打磨更加具有时代感、沧桑感，应引入新的文化元素，将历史文化赋予时代特征，打造特色城镇。

在传承和发展中顺应群众的社会心理需求，激发他们建设特色城镇的积极性、创新性、主动性。

四　以集市为空间建设产业拉动特色城镇

乡村集市推动西北地区特色城镇建设要走现代化之路。特色城镇的发展动力是特色产业，要彰显产业个性化、发展链条化、分工精细化，绝不能同质竞争。特色城镇在主导产业培育方面必须锁定主攻方向，推动差异化、互补式发展，增强活力，提升可持续性。调整优化产业结构，推动优势特色产业做大做强。推动特色城镇信息化、工业化、城镇化和农业现代化深度融合，将特色城镇的产业发展到整个县域、省域范围，统筹规划产业链和产业集群，形成具有规模效应、可以拉动城镇发展的内在动力。以产业化带动城镇化，实现城乡生产要素的有效流动，促进群众有序向城镇就业转移和融合，使工业促进农业发展，城镇带动农村发展，工业与农业互惠互利，改善群众的生活环境和生活条件，提高城镇文明程度，让群众切实享受到特色城镇发展带来的成果，从而推动农村发展。

乡村集市推动特色城镇建设应注重培育特色产业。西北地区资源分布不均衡，产业结构相对单一，特色城镇建设必须以加强经济发展和产业聚集为核心。西北地区主要是资源开发型产业，诸如煤炭资源、矿产资源，这类资源产业对就业人口的吸纳有限，并且面临资源枯竭的危险，应大力发展休闲农业、旅游观光，利用当地优美的自然资源、风土人情、多样化的民俗资源，全面优化营商环境，吸引企业扩大投资，拉动就业，培育供给侧城镇经济，打造宜业宜居宜游的城镇环境，带动旅游经济，提高贫困群众的收入水平。

第八章　走向未来的乡村集市

第一节　活跃的乡村集市

乡村集市是社会发展的产物，在农村经济社会发展中占据非常重要的地位。费孝通先生在《小城镇四记》中写道，"集市像块吸铁石，吸着农民去赶集"。然而集市在发展过程中受到市场经济的影响，主要包括三个方面：一是国家供销社网络的覆盖，分解了大部分农资市场；二是农村特色产品被中间商直接采购，分解了集市的聚散功能；三是村落小超市的存在，分解了集市的日常生活资料供需功能。不可否认，这些经济体的出现，打破了集市的贸易方式，改变了集市的职能结构。但是根据课题组调研，西北地区乡村集市依然活跃在农村。

国家供销社配送大宗货物类型的农资物品，是国家宏观层面调控区域经济发展、调配物资的重要渠道，长期以来一直存在。这类大宗物品调配一般不是乡村集市所能承担的。村落小超市满足了农民群众的日常生活所需，给农民群众生产生活带来了极大的便利，是农村经济社会发展的巨大进步。然而村落小超市仅仅满足群众简单的日常生活需要，诸如柴米油盐等，由于村庄内农民群众的购买力有限，村落小超市的商品种类自然也有限。如果村落小超市储备种类齐全的货物，销售缓慢，势必造成货物积压，占用周转资金，甚至时间久了有些货物变质，造成损失。

近年来，超市、商店、农村电商等新零售主体进入乡村集市，使得乡村集市向标准化、规模化、法治化方向发展（贾永娟，2017）。这些新零售主体成为乡村集市的有机组成部分。一方面，乡村集市上售卖的蔬菜、瓜果等新鲜、便宜，铁锹、镰刀、锄头等适合农业生产的农具品类齐全，同时农民群众随时可以将自己生产的产品在集市上交易；另一方面，超市、商店、农村电商等新零售主体的商品价格较高，但是不受集期的限制，使得它们在非集期依然活跃，进一步拓展了乡村集市在农村地区发挥的功能。诚然，超市、商店、农村电商等新零售主体与乡村集市露天商贩会产生一定的竞争，这是贸易变迁的结果，主要依赖社会消费理念和方式的转变。

随着现代交通网络逐步完善，一些中间商直接在农村设立农副产品收购点。近年来，乡村集市大批量粮食交易减少，但少量的粮食交易依然存在。有些中间商走街串巷，直接到农户或牧户家中收购群众饲养的牛羊等牲畜，但是这种收购方式时间不确定，信息不对称。有的农牧民把饲养的牲畜卖给中间商，但有的群众认为在集市上销售价格相对高一些。

根据调研，西北地区农民群众准备自己饲养的牲畜如牛羊，总是到乡村集市上选购，许多商家将牛羊等牲畜用大型卡车从外地运输来集市销售，因此西北地区乡村集市牛羊交易依然火热，例如，甘肃广河县三甲集、宁夏西吉县单家集、同心县清水河湾集市等，每逢集期，牛羊交易成百上千（只）头，甚至上万（只）头。2021年11月22日，《经济日报》以《这个村子为啥能留住年轻人——宁夏西吉县兴隆镇单家集村发展调查》为题，报道了宁夏西吉县兴隆镇单家集村依靠单家集集市进行牛羊交易、生产生活用品交易的盛况（拓兆兵，2021）。

第二节　乡村集市市场体系建设

从硬件方面看，应改善西北农村地区交通运输条件，加强乡村集市与各村庄之间的道路建设，特别是集市到自然村的道路建设，为农民群众出行、农牧产品运出、工业品运入提供便利的条件，从而促进农村经济社会快速发展。乡村集市上许多交易大厅,有些已经破败,冬季不挡风,夏季不遮雨,摆放商品的展台,有些是水泥浇筑的台子,有些是破桌子旧板凳临时拼凑的,条件十分艰苦,政府应该改造破旧集市,建设标准化交易场所。应完善乡村集市广场,为农民群众和民间团体开展农村文化活动提供展示平台,为宣传党和国家的方针政策提供广阔空间。应加强农村网络工程建设,将网络通信设施覆盖到所有行政村、自然村,在条件不允许的地区或建设成本高而使用率不高的地区,以乡村集市为中心建设农村网络,再通过集市将其功能辐射到周围农村,带动乡村振兴。

从软件方面看,应加强乡村集市信息网络建设,拓展其服务功能。乡村集市信息服务站可以给农民群众外出务工提供就业信息,为农民群众进行汽车运输提供货源信息,给进城务工掌握一定技能的返乡青年和大中专毕业生创业提供创业项目指导信息。应加强乡村集市金融服务信息中心建设。西北地区许多乡镇没有农村金融服务机构,农民群众办理金融业务必须到几十公里甚至上百公里外的县城,有时到了县城却因信息不对称等各种原因不能办理,既耗时耗力又浪费钱,严重制约农村发展。应加强现代传媒服务中心建设,进行农业技术技能远程培训,农村医疗远程救助技术指导等,从而促进农民群众掌握先进的技术技能,遇到大病重病能获得及时治疗。应加强乡村旅游服务中心网络信息建设,为旅游参观者提供旅游信息,促进城乡融合发展。

从乡村集市空间结构看,绝大多数乡镇集市、十字路口集市都是沿街集市,挤占公路的现象十分普遍。一方面,沿街公路上行人、车辆混杂交错,造成道路交通拥堵,交通事故常有发生。特别是在赶集日,公路交通几乎瘫痪,如果再遇到其他原因,汽车喇叭声、行人叫喊声此起彼伏,场面十分混乱。另一方面,沿街公路集市在赶集日、传统节假日、农闲时节人员流量巨大,几十米宽的公路几乎被占用一半,商贩、农民群众直接将货物堆放在公路上叫卖,造成一种无序的混杂局面。政府相关职能部门应该在不影响农村经济繁荣发展和乡村集市贸易的前提下，规范集市经营秩序，推进乡村集市有序运营与农村持续发展的双赢。此外，西北地区的对外开放陆路口岸分别与蒙古、哈萨克斯坦、吉尔吉斯斯坦、巴基斯坦、塔吉克斯坦等进行商贸交易，应加强防疫检验，完善突发事件应急管理，促进边疆地区乡村集市健康发展。

从市场运营秩序看，由于自然地理条件局限，再加上交通不便、信息蔽塞，乡村集市容易成为商贩获取不正当利益的场所。一方面，在乡村集市上，流动商贩出售伪劣商品，包括衣服鞋帽、家用电器、农药、化肥、农具等。在乡村集市上，农民群众生产的农副产品被商贩们串通一气故意压价的现象屡见不鲜，这种不规范的市场经营方式，既扰乱了市场秩序，损害了市场形象，又使农民群众的经济利益受损。另一方面，城市淘汰的电子产品不断流向乡村集市，商贩们往往将淘汰的电子产品翻修后以低廉的价格销往农村，容易产生漏电等安全隐患，甚至引发火灾，造成农村环境污染，严重危害农民群众的身心健康。工商管理部门应该认真检查，对唯利是图的商贩严肃处理，维护乡村集市的市场秩序，保护农民群众的生命财产安全，保护农村环境，建设美丽农村，促进乡村振兴。

从乡村集市货物商品监管看，西北地区乡村集市大多数是露天市场，卫生状况较差。一方面，集市的市场功能区域划分不甚清晰，或者说有货物分类布局的要求，但是由于监管不到位，货物混合摆放现象较为普遍。生活用品和食品混合摆放销售，农具、种子、化肥、衣帽鞋袜等货物旁边就是食品，熟食区和生鲜蔬菜区没有分离，上述各种现象造成食品卫生安全隐患，甚至可能引发传染病传播。另一方面，乡村集市上露天摆放的食品，春夏季节苍蝇、蚊子、昆虫环绕，秋冬季节风沙较多，有些顾客随买随吃，卫生质量堪忧。同时，在集市上的许多店铺混合销售不同商品，既有日用百货、瓜货蔬菜，也有肉类和调料，还有熟食商品，给疾病传播埋下祸根。政府部门应对集市进行整体规划布局，健全商品交易功能区，规范店铺商品交易类型，实现农村健康发展，进而推进乡村振兴，实现农村现代化。

第三节　乡村集市带动乡村振兴

一　集市是农村经济发展载体

乡村集市的发展可以促进农村商贸繁荣发展，促进区域经济小循环。农村地区经济基础薄弱，自然环境条件较差，对地区经济发展的吸引力以及吸纳社会投资的能力有限，政府应加大对农村地区的资金扶持力度，以集市发展带动农村经济，加快商贸流通。以乡村集市的发展为导向，促进农村产业结构的调整，集市也为分散经营的农户与现代市场之间建立起了桥梁，现代市场把需求信息传导给农户，并建立订单农业，扩大规模化种植，从而使农业产业化。根据地方资源禀赋结构，形成具有竞争力的特色产业，例如，肉牛养殖业、杂粮种植业、中草药种植业、特色手工业、瓜果产业等，从而促进农村经济发展，带动群众过上幸福生活。在乡村集市上建立农业农村科技发展服务中心，为农村经济发展提供科技动力，提高种植业和养殖业的科技含量，提高生产效率，增加农民群众的经济收入。促进乡村集市发展，满足社会整体和个体的经济需要。在整个社会运行系统中，集市既是农村的销售市场，也是消费市场，承担着农村平衡供需、调剂余缺的功能；集市也满足个体经济需要，无论对于买者还是卖者，集市都起着为人们提供物品交换场所的作用。乡村集市的发展带动农村剩余劳动力转移就业，从而形成农业、工业以及服务业的合理就业比例结构，带动贫困地区农村经济发展。乡村集市的发展推动三次产业融合发展，以农业为基础，不断向工业和服务业扩展，提高农业生产效率后，富余出来的农村劳动力向第二、三产业转移，从而促进交通运输业的发展，繁荣农村市场，促进农村产品销售，促进乡村振兴。

乡村集市的发展可以促进农村物流繁荣发展，推动国内经济大循环。建立乡村集市，构建县、乡镇、村三级农村物流网络，打通农村物流"最后一公里"，通过农村物流的发展加速农副产品的流通，从而推动农村经济发展。加强物流企业与农户之间的沟通交流机制，既要解决物流企业货物运输、包装、加工等方面遇到的困难，维护物流企业的合法权益，也要确保农副产品特别是保质期短的农产品如新鲜蔬菜、新鲜瓜果以及肉类产品能够及时运到消费者手中，从而保证农民群众的经济利益。加速农村物流网络一体化建设，利用航空线路、铁路、高速公路、国道、省道等线路，有效链接田间地头、工厂农场，增加农民群众农副产品的流通渠道，保障农民群众的经济利益。积极抓住国家"一带一路"倡议、新时代西部大开发战略、乡村振兴战略的有利契机，强化西北五省区在物流发展方面的战略定位，并逐步向专业化、现代化的方向发展，从而带动农村经济发展。以乡村集市为平台，加强农副产品与综合批发市场、综合超市以及便利店的对接，确保农副产品通过农村物流既能够运送到几十里外的市场和超市，也能够输送到千里之外的大城市，最大限度保证农副产品增值，从而带动农民群众增收。

乡村集市的发展可以促进农村电商繁荣发展，带动农村信息化建设。以乡村集市为场域，建立农村电商信息化系统，推进电子商务技术运用，利用现代科学技术捕捉农业大数据，促进农业农村经济发展。同时，带动农村青年就业创业，例如，农村电商发展既需要货物搬运等体力劳动者的岗位，也需要信息软件开发、网络销售、网络美工、网站建设、农副产品品牌营销等智力劳动者的岗位，可以有效促进高校毕业生和农村青年就业创业。电商产业是新兴行业，可以跨越时空界限推动货物流动，是带动农村经济和农村消费的新动力源。目前，在农村家庭建立电商交易平台困难较大，但是可以利用乡村集市的聚合功能，尝试在集市建立电商平台。培养农民群众转变生产经营理念，拓宽手工艺品、农副产品流通的新渠道，实现线上线下销售结合，刺激农村经济发展，带动群众致富。以乡村集市为场域，建立县级（中心）、乡镇级（站）、村级（点）农村电商服务体系，吸引企业主体参与投资农村电商事业，加强货物流通电商服务体系建设，既可以促进农副产品通过电商企业加工、包装、销售，也可以促进工业品通过电商企业输入农村地区，促进农村经济发展。以乡村集市为场域，建立农村电商服务中心，农民群众可以线上购买全国各地的商品，满足农民群众的多元化消费需求。

乡村集市的发展可以促进农村特色旅游业发展，带动农牧民群众增收。西北地区旅游资源的多样性和文化的独特性极具魅力，通过互联网，把休闲农业、观光畜牧业等特色产业通过网上宣传营销打开市场，促使名优农畜特产卖出好价钱，切实为贫困群众增收致富。西北地区蕴藏着丰富的资源，包括历史文化资源、自然资源、民族文化资源、红色文化资源、黄河文化资源、饮食文化资源等，要挖掘利用好这些宝贵的资源，发展农村旅游业，增加农民群众的收入。西北地区乡村集市的赶集盛况，本身就是一种农村农民的生活画卷，例如，乡村集市上叫卖的吆喝、独特多样的商品、农民群众谈笑风生的场景等，都是具有极强开发价值的集市旅游资源，政府或企业通过包装、打造、经营，吸引游客参观旅游，可以带动交通运输业、民族手工业、传统餐饮业的发展，进而增加群众的就业机会，促进农村经济发展。

二　集市是农村社会治理场域

乡村集市是农民群众社会交往的场所，能够推动农村社会治理。一方面，良性运行和协调发展的农村社会需要良好的农村人际互动提供平台，乡村集市作为农民群众聚集的互动空间，是获取信息和传播信息的源泉。在集市上，群众从四面八方聚集而来，人与人、人与村、村与村联系起来，在满足经济需要的同时，也拓展了社会关系网络。在集市上，农民群众可以了解农业信息、就业信息，国家大事也能够通过农民群众熟悉的话语体系传播，从而促使农民群众更加深入地理解党的方针政策。在集市上，民间戏剧表演等活动蕴含社会规范和行为准则，潜移默化地劝诫群众做遵纪守法的公民。因此，西北地区农村社会的有效治理，需要以集市为平台传播社会正能量，促进农村社会健康发展。另一方面，良性运行和协调发展的农村社会需要给农民群众提供合理的情感疏通渠道。集市具有聚集性、交往性、人文性等特征，不仅是一个经济贸易的空间，更是一个感情交流的空间。人是一种感情动物，日常生产生活中聚集的情感，无论是正能量，还是负能量，都应该通过合理的"安全阀"宣泄，从而维持正常的平衡状态。政府应该积极支持乡村集市发展，促进农民群众纾缓情绪，从而促进农村社会的有效治理。

乡村集市是农民群众与外界互动的场所，能够推动区域农村社会治理。一方面，应整合社会资源，推动农村社会治理。农村地区的经济繁荣、社会和谐关系到整个国家的稳定发展，维护好农村社会的秩序，既有助于农民群众安居乐业，也有助于农村社会良性运行。政府需要整合多种资源的力量，有效推进集市运行，促进农村社会治理。另一方面，现代社会是法治社会，任何事情发展都要在法律允许的范围内，集市的商品贸易、市场秩序都要遵守法律法规。政府应该加强监督检查，对于破坏市场规则、扰乱市场秩序的行为，要严肃惩处。

乡村集市是构建农村社会治理共同体的场域，需要政府组织、市场组织、社会组织等多元主体的共同参与，达成目标共识，从而形成价值共同体。一方面，农村社会治理共同体建设是新时代农村社会建设的新路径，必须推进社会有机体系统整体迈进，进行全过程、全系统的多元共建，实现人民生活幸福和国家富强。坚持"以人为本"的思想，不断满足人民群众的发展需求；坚持以中国式现代化促进社会建设，进而全面推进中华民族的伟大复兴。在社会发展中，随着社会结构分化，社会利益也在分化，社会分工更加明确，社会主体利益诉求日趋多元化，在公共事务治理和公共产品供给中，既要有公益性，也要获取正当权益。农村社会治理应在个人利益和公共利益的平衡中秉持公共精神，在追求公共利益和恪守公共价值中实现个人利益，从而夯实个体与共同体相互依存、共生共存的价值坐标。另一方面，构建农村社会治理共同体需要多方参与、人人尽责，既要参与的范围广，又要参与的程度深，使政府、社会组织、群众等多元主体各尽其责。政府要营造良好的发展环境，形成自治、法治、德治的有机融合。群众是社会治理的直接参与者，也是最终受益者，应动员广大群众参与治理，激发群众的主人翁精神，提高治理的广泛性和有效性。社会组织如社会团体、非企业组织、各类基金会、合作社等参与社会治理，要有组织、有程序、有计划地推进。政策执行的错位、经济发展的滞后、制度与地方性知识不兼容等因素都会引发社会问题，因此，应动员农村社会组织根据地方性知识解决社会问题。市场组织参与社会治理，应充分发挥市场资源在治理中的优势，并赋予市场组织相应的社会荣誉，充分体现其社会责任和社会价值。

农村社会治理主体协同合作是社会治理共同体建设的基本要求，应构建民主协商机制和综合治理体系，形成合作共同体。一方面，多元主体协同共治。农村社会治理人人有责、人人尽责，需要正式组织与非正式组织共同行动，综合运用多种措施解决农村社会问题，处理公共事务，开创合作治理、网络治理、智慧治理的新局面。农村社会治理主体是多中心的而非单中心的。农村自治组织是自我管理、服务、教育、监督的组织力量，要充分发挥村委会、社区居委会在社会治理中的重要作用。政府应调动民政、公安、法院、司法等部门以及媒体部门协同合作，共同推动社会治理。社会组织是非常重要的治理主体，可以利用其灵活的特点进行民间协调，通过支援服务、协会调解、整合民意等方式达到有效治理的目的。另一方面，多元主体综合共治。农村社会问题具有跨界性、关联性、琐碎性和复杂性特征，应发挥治理主体各自的优势，建立联合机制，形成多元主体合作治理格局。首先，完善农村社会治理主体的民主协商机制，提升治理的包容性，既要保证决策的科学性，又不能忽视弱势群体的诉求表达，使各主体拥有平等的参与决策权。其次，农村社会治理的重心向问题的预防机制转变，及时收集矛盾信息，综合研判，分流排查，将社会问题在初发状态予以解决，实现社会治理的"最大公约数"。最后，在多媒体时代，社会信息传播速度快，公众对信息的理解不尽相同，政府应该借助乡村集市空间，定期将信息公开、将政策公开，满足公众的知情权，避免因误解而引发社会越轨行为。在农村社会治理层面，提出网格化、精细化和信息化等综合措施，提高治理的协同性、精准性和高效性。

农村社会治理共同体建设的目的就是通过制度建设和服务机制，形成个人利益和公共利益相统一的利益共同体，保障全民享有治理成果。一方面，完善全民受益的制度基础。新时代，农村社会治理共同体建设的目的就是通过利益分配和补偿机制共享治理成果，实现人人享有公共利益、公共价值、公共精神。人人享有强调社会治理共同体的公共性，而凝聚民心又是形塑公共性的基础，人人享有对于汇聚民心具有正向激励作用，因此要不断提高人民群众的幸福感、获得感、安全感。人人享有也是治理的最高目标和根本旨趣，它不是社会建设成果的平均分配，而是在尊重社会自身的组织性基础上，在社会互动、社会交流中形成利益共享、风险共担的自治体系。以法治建设、制度建设形成群众利益获取的合理渠道，完善利益协调机制，在组织内部、组织之间共享治理成果，如果出现不确定性，要通过规范程序合理解决。农村社会治理内容长期以来着力于治安防控、矛盾纠纷化解，现代化社会治理则在此基础上新增了整体安全和非传统安全等内容，给社会治理提出更高要求，将社会治理拓展到更广泛的领域。另一方面，健全群众受益的服务机制。农村社会治理成果的人人享有是从最广大人民群众的根本利益出发，不是少数人的享有，更不是权力阶层的享有。在治理成果方面，要健全人人享有的服务机制。

三　集市是农村文化建设媒介

以乡村集市为媒介推动农村文化建设，构建中华民族共同体意识。集市是现代文化与传统文化的交融中心，发挥着对农村文化建设的引领和辐射作用。一方面，西北地区民族成分多元，每个民族都有自己的饮食文化、服饰文化、风俗习惯、歌舞音乐等，它们是中华民族文化的一部分，在中华文明的历史长河中具有重要的作用。集市是民族多元文化展现交融传播的平台，政府要积极引导各民族展现特色文化，培养中华民族共同体意识，凝聚中华民族精神，凸显中华民族自豪感。另一方面，以集市为平台展现民族多元文化，要以社会主义核心价值观为指导，传播新时代社会主义先进文化，坚决抵制文化糟粕占领农民群众的精神阵地。政府和社会组织要通过张贴海报、发放宣传册、举办文艺节目等形式潜移默化地引导农村文化发展的方向，引导群众传承民族优秀文化，凝聚中华民族精神，铸牢中华民族共同体意识，以文化建设助推乡村振兴。

以乡村集市为平台推动农村文化建设，传播新思想新观念。集市是文化知识的集散地，在集市上，农业新技术得以推广，农村医疗卫生知识得以普及，农民地方性和传染性疾病得以提早预防。同时，构建农村文化服务体系，确保农村文化有序开展，保障农村文化安全，抵抗不良文化的冲击。在内容上，农村文化建设要契合西北地区农民群众的物质生活和精神生活，虽然当地经济社会发展缓慢，农民群众的生产生活方式比较传统，但是当地文化资源非常丰富，农村公共文化服务体系要符合农民群众的期望。在形式上，农村公共文化服务体系建设要采用多样化的方式，农村书屋、农村电影放映室、农村信息服务站、农村通信站等要建在合理的场地上，方便农民群众使用。政府是农村文化建设的主导力量，要做好战略规划，通过专项资金加强农村公共文化服务体系的硬件建设和软件建设，确保农村文化有序开展，保障农村文化安全，抵抗不良文化的冲击。农民群众是农村文化建设的主体，要鼓励农民群众参与农村文化活动，塑造他们喜闻乐见的文化产品，建设和谐美丽的农村。

随着农村经济社会发展，农民群众的生活水平不断提高，民主法治意识不断增强。西北地区乡村集市是农村政治文化建设的重要公共空间。一方面，农村政治文化建设培养农民群众的政治意识，激发他们参与农村政治的热情。村民委员会要以村级集市为平台，公开张贴农村财务、惠农政策、涉农项目，接受农民群众的监督。乡镇政府应该借助集市的公共空间，张贴公告农业政策、涉农信息，鼓励农民群众积极参与。另一方面，农村政治文化建设彰显积极的价值理念，促进积极向上的精神风貌，应利用集市的人口密集流动效应，宣传引导乡风文明，推进移风易俗，杜绝结婚乔迁大操大办、封建迷信、酗酒赌博、薄养厚葬等不正之风，树立道德模范、好人好事典型。

以集市为平台加强农村政治文化建设，助力乡村振兴。西北地区基层党组织必须以政治文化建设为抓手，以集市为平台宣传"三农"政策。一方面，农村政治文化建设应巩固脱贫攻坚成果。基层党组织要深化农村集体产权制度改革，建立"园区＋集体资源性资产＋农户"的发展模式，引进规模企业，利用集市的人口集聚功能兴建劳动密集型工厂，增加农民群众的就业机会。另一方面，农村政治文化建设应推动巩固脱贫攻坚成果同乡村振兴有效衔接，提高农村党员的政治能力以应对农村发展遇到的困难和挑战，自觉在党和国家的统一部署下埋头苦干。严肃农村党支部的政治文化生活，增强政治文化生活的时代性，运用现代媒体等新技术，采取线上与线下结合方式，开展民主生活会、组织生活会、主题党日等活动，提高党内政治文化生活的活力，进而引领农村发展。

四　集市是城乡协同发展纽带

根据自然资源禀赋建设特色城镇。西北地区自然环境差异大，气候类型各不相同，人口分布不均匀，要因地制宜建设特色城镇，既要做好整体规划，也要注重不同城镇的个性和发展定位，有的侧重手工业，有的侧重商品贸易，有的侧重休闲旅游，有的侧重自然资源开发，有的侧重民族文化产业，有的侧重劳动密集型产业，等等。特色城镇的建设应该在乡村集市的基础上衍生拓展，既能够带动周围农村发展，也能够有效链接更大的城市，获取源源不断的劳动力资源、信息资源以及资金支持，为农村经济的发展以及乡村振兴提供原动力。

根据社会资源禀赋建设特色城镇。西北地区特色城镇建设既要注重前瞻性，也要注重应急性。从前瞻性视角看，特色城镇建设应着眼于现代化，特别是农民群众的现代化发展，满足农民群众对美好生活的向往，解决偏远地区发展不平衡不充分的问题。从应急性视角看，特色城镇建设要综合考虑地方经济发展水平和财政支撑能力，立足于当前惠农政策的落实，使乡村振兴与巩固脱贫攻坚成果衔接，促进农村经济社会发展。西北地区民族成分多元，文化资源丰富，文化是特色城镇的灵魂，没有文化的城镇就缺乏生机和活力，要充分利用有形文化和无形文化资源，通过文化产业带动农村地区经济社会发展。

乡村集市作为城乡协同发展的纽带，可以促进城乡生产要素流动。集市作为连接农村和城市的桥梁，可以促进劳动力、资金、信息、技术的合理流动。西北地区城市与农村经济联动，需要生产要素的自由流动，城市带动农村发展，首先发生作用的地带就是集市。构建繁荣的集市商品贸易，可以为农民群众的增收提供更多的机会。西北地区城市与乡村之间互通交流，既要看到农村经济社会发展缓慢的劣势，也要看到农村优美的生态环境和丰富的文化资源优势；既要看到城市经济发展快、信息量大的优势，也要看到城市人口拥挤、空气污染的劣势。城乡协同发展需要城市带动农村实现跨越式发展，农村的发展也可以给城市的发展带来新机会。

乡村集市作为城乡协同发展的纽带，可以促进城乡发展机会的融合。从宏观方面看，一是工商业与农业协同发展。集市的发展可以带动新型城镇化建设，促进农村社会治理，但需要解决好农业发展与工商业发展的关系问题。农业是农民群众的生存之本，也是维护农村稳定发展的基础，农业生产力水平的提高可以解决农民吃饭问题并增加农民收入，也可以为工商业的发展提供原材料；工商业的发展可以为农业的发展提供技术、信息和资金，推动农业加快发展。二是农民与市民协同发展。在农村现代化的过程中，农民市民化是一项重要的指标，也是农村发展的新趋势。随着城乡户籍制度改革，农民和市民的身份意义并不重要，在经济社会发展过程中，政府要提供给他们公平公正的发展机会，农民和市民要享受相同的权利，履行相同的义务。从微观方面看，一是教育资源的城乡协同。根据西北地区的条件，以乡镇集市为中心，建立城乡统一的基础教育学校，建立城乡师资定期交流机制。二是以乡镇集市为中心，建立城乡医疗服务机构，城市三甲医院用"互联网＋"医疗模式帮扶乡镇卫生院，定期进行医护人员的交流学习，解决西北地区农民群众看病远、看病贵、看病难的问题。

参考文献

一　学术著作

1. 阿马蒂亚·森，2001，《贫困与饥荒》，王宇、王文玉译，商务印书馆。

2. 艾尔·巴比，2009，《社会研究方法》，邱泽奇译，华夏出版社。

3. 安东尼·吉登斯，2016，《社会的构成》，李康、李猛译，中国人民大学出版社。

4. 彼特·L. 伯格、托马斯·卢克曼，2019，《现实的社会建构》，北京大学出版社。

5. 陈锦山主编，2019，《中西部地区特色小镇建设与乡村振兴》，经济管理出版社。

6. 陈淑祥、张弛，2017，《重庆乡镇农贸市场发展研究》，西南财经大学出版社。

7. 陈锡文、韩俊，2020，《乡村振兴制度性供给研究》，中国发展出版社。

8. 戴维·E. 阿普特，2011，《现代化的政治》，陈尧译，上海人民出版社。

9. 董建波，2014，《塘栖——一个江南市镇的经济社会变迁》，华东师范大学出版社。

10. 段洪波，2021，《精准扶贫理论与实践研究》，社会科学文献出版社。

11. 费孝通，2018，《江村经济》，华东师范大学出版社。

12. 高考、年旻，2018，《多维贫困视角下的精准扶贫研究》，华中科技大学出版社。

13. 姜长云等，2020，《乡村振兴战略：理论、政策和规划研究》（第 2 版），中国财政经济出版社。

14. 李珂，2012，《集市乡村的再造》，社会科学文献出版社。

15. 李正华，1998，《乡村集市与近代社会》，当代中国出版社。

16. 林聚任等，2016，《西方社会建构论思潮研究》，社会科学文献出版社。

17. 林耀华主编，2003，《民族学通论》，中央民族大学出版社。

18. 皮埃尔·布尔迪厄，2017，《实践理论大纲》，高振华、李思宇译，中国人民大学出版社。

19. 皮特·何，2012，《嵌入式行动主义在中国》，李婵娟译，社会科学文献出版社。

20. 施坚雅，1998，《中国农村的市场和社会结构》，史建云、徐秀丽译，中国社会科学出版社。

21. 石忆邵，1995，《中国农村集市的理论与实践》，陕西人民出版社。

22. 孙伟，2019，《乡村振兴：农村电子商务模式·运营·案例》，中国市场出版社。

23. 汪三贵，2020，《脱贫攻坚与精准扶贫：理论与实践》，经济科学出版社。

24. 王笛，1993，《跨出封闭的世界——长江上游区域社会研究（1644—1911）》，中华书局。

25. 王志章等，2020，《西部地区精准脱贫与乡村振兴融合的路径设计与政策协同研究》，人民出版社。

26. 吴晓燕，2008，《集市政治：交换中的权力与整合》，中国社会科学出版社。

27. 徐京波，2017，《从集市透视农村消费空间变迁》，上海三联书店。

28. 姚洋主编，2018，《特色小镇建设：乡村振兴的重要途径》，中国社会科学出版社。

29. 余翰武，2018，《沿沅水去看看：传统集镇商贸空间形态及活力探寻》，东南大学出版社。

30. 詹姆斯·C. 斯科特，2012，《国家的视角》，王晓毅译，社会科学文献出版社。

31. 詹姆斯·R. 汤森、布兰特利·沃马克，2010，《中国政治》，顾速、董方译，江苏人民出版社。

32. 张丽君等，2018，《中国少数民族地区精准扶贫案例集》，中国经济出版社。

33. 中共中央党史和文献研究院编，2018，《习近平扶贫论述摘编》，中央文献出版社。

34. 中共中央党史和文献研究院编，2019，《习近平关于"三农"工作论述摘编》，中央文献出版社。

35. 钟兴永，1996，《中国集市贸易发展简史》，成都科技大学出版社。

36. 周大鸣、程瑜主编，2018，《边城民族志：一个湘渝黔边界的集镇调查》，中山大学出版社。

二 年鉴和统计公报

1. 甘肃省地方史志办公室编，2019，《甘肃年鉴2019》，甘肃民族出版社。

2. 甘肃省地方史志办公室编，2020，《甘肃年鉴2020》，甘肃民族出版社。

3. 甘肃省地方史志办公室编，2021，《甘肃年鉴2021》，甘肃民族出版社。

4. 甘肃省统计局、国家统计局甘肃调查总队编，2019，《甘肃统计年鉴2019》，中国统计出版社。

5. 甘肃省统计局、国家统计局甘肃调查总队，2023，《2022年甘肃省国民经济和社会发展统计公报》，3月21日。

6. 国家统计局编，2020，《中国统计年鉴2020》，中国统计出版社。

7. 宁夏地方志编审委员会、宁夏回族自治区地方志办公室编，2018，《宁夏年鉴 2018》，方志出版社。

8. 宁夏地方志编审委员会、宁夏回族自治区地方志办公室编，2019，《宁夏年鉴 2019》，方志出版社。

9. 宁夏地方志编审委员会、宁夏回族自治区地方志办公室编，2020，《宁夏年鉴 2020》，方志出版社。

10. 宁夏地方志编审委员会、宁夏回族自治区地方志办公室编，2021，《宁夏年鉴 2021》，方志出版社。

11. 宁夏回族自治区统计局、国家统计局宁夏调查总队编，2019，《宁夏统计年鉴 2019》，中国统计出版社。

12. 宁夏回族自治区统计局、国家统计局宁夏调查总队，2022，《宁夏回族自治区 2022 年国民经济和社会发展统计公报》，4 月 26 日。

13. 青海地方志编纂委员会编，2019，《青海年鉴 2019》，青海年鉴社。

14. 青海地方志编纂委员会编，2021，《青海年鉴 2021》，青海年鉴社。

15. 青海省统计局、国家统计局青海调查总队编，2020，《青海统计年鉴 2020》，中国统计出版社。

16. 青海省统计局、国家统计局青海调查总队，2023，《青海省 2022 年国民经济和社会发展统计公报》，2 月 28 日。

17. 陕西年鉴编纂委员会编纂，2019，《陕西年鉴 2019》，陕西年鉴编辑部。

18. 陕西年鉴编纂委员会编纂，2021，《陕西年鉴 2021》，陕西年鉴编辑部。

19. 陕西省统计局、国家统计局陕西调查总队编，2020，《陕西统计年鉴 2020》，中国统计出版社。

20. 陕西省统计局、国家统计局陕西调查总队，2023，《2022 年陕西省国民经济和社会发展统计公报》，3 月 27 日。

21. 新疆维吾尔自治区地方志编纂委员会编辑，2018，《新疆年鉴 2018》，新疆年鉴社。

22. 新疆维吾尔自治区统计局、国家统计局新疆调查总队编，2019，《新疆统计年鉴 2019》，中国统计出版社。

23. 新疆维吾尔自治区统计局、国家统计局新疆调查总队，2023，《2022 年新疆维吾尔自治区国民经济和社会发展统计公报》，3 月 28 日。

三　蓝皮书系列

1. 安文华等主编，2018，《甘肃社会发展分析与预测（2018）》，社会科学文献出版社。

2. 安文华、罗哲主编，2018，《甘肃经济发展分析与预测（2018）》，社会科学文献出版社。

3. 安文华、罗哲主编，2019，《甘肃经济发展分析与预测（2019）》，社会科学文献出版社。

4. 安文华、王晓芳主编，2020，《甘肃经济发展分析与预测（2020）》，社会科学文献出版社。

5. 白宽犁、牛昉主编，2019，《陕西社会发展报告（2019）》，社会科学文献出版社。

6. 白宽犁、裴成荣主编，2019，《陕西经济发展报告（2019）》，社会科学文献出版社。

7. 白宽犁、王长寿主编，2019，《陕西文化发展报告（2019）》，社会科学文献出版社。

8. 陈玮主编，2018，《2018 年青海经济社会形势分析与预测》，社会科学文献出版社。

9. 陈玮主编，2019，《2019 年青海经济社会形势分析与预测》，社会科学文献出版社。

10. 陈玮主编，2020，《中国西北发展报告（2020）》，社会科学文献出版社。

11. 丁守庆主编，2021，《中国西北发展报告（2021）》，社会科学文献出版社。

12. 高建龙、苏成主编，2018，《2017～2018 年新疆经济社会形势分析与预测》，社会科学文献出版社。

13. 李兴文、马廷旭主编，2023，《中国西北发展报告（2023）》，社会科学文献出版社。

14. 马廷旭、戚晓萍主编，2018，《甘肃文化发展分析与预测（2018）》，社会科学文献出版社。

15. 马廷旭、戚晓萍主编，2019，《甘肃文化发展分析与预测（2019）》，社会科学文献出版社。

16. 马廷旭、戚晓萍主编，2020，《甘肃文化发展分析与预测（2020）》，社会科学文献出版社。

17. 宁夏社会科学院，2018，《宁夏经济发展报告（2018）》，宁夏人民出版社。

18. 宁夏社会科学院，2019，《宁夏经济发展报告（2019）》，宁夏人民出版社。

19. 宁夏社会科学院，2020，《宁夏经济发展报告（2020）》，宁夏人民出版社。

20. 宁夏社会科学院，2021，《宁夏经济发展报告（2021）》，宁夏人民出版社。

21. 宁夏社会科学院，2018，《宁夏社会发展报告（2018）》，宁夏人民出版社。

22. 宁夏社会科学院，2019，《宁夏社会发展报告（2019）》，宁夏人民出版社。

23. 宁夏社会科学院，2020，《宁夏社会发展报告（2020）》，宁夏人民出版社。

24. 宁夏社会科学院，2021，《宁夏社会发展报告（2021）》，宁夏人民出版社。

25. 宁夏社会科学院，2018，《宁夏文化发展报告（2018）》，宁夏人民出版社。

26. 宁夏社会科学院，2019，《宁夏文化发展报告（2019）》，宁夏人民出版社。

27. 宁夏社会科学院，2020，《宁夏文化发展报告（2020）》，宁夏人民出版社。

28. 宁夏社会科学院，2021，《宁夏文化发展报告（2021）》，宁夏人民出版社。

29. 任宗哲等主编，2018，《陕西经济发展报告（2018）》，社会科学文献出版社。

30. 任宗哲等主编，2018，《陕西社会发展报告（2018）》，社会科学文献出版社。

31. 任宗哲等主编，2018，《陕西文化发展报告（2018）》，社会科学文献出版社。

32. 司晓宏等主编，2020，《陕西经济发展报告（2020）》，社会科学文献出版社。

33. 司晓宏等主编，2020，《陕西社会发展报告（2020）》，社会科学文献出版社。

34. 索端智主编，2020，《2020 年青海经济社会形势分析与预测》，社会科学文献出版社。

35. 王福生等主编，2018，《中国西北发展报告（2018）》，社会科学文献出版社。

36. 王琦等主编，2019，《甘肃社会发展分析与预测（2019）》，社会科学文献出版社。

37. 王琦等主编，2020，《甘肃社会发展分析与预测（2020）》，社会科学文献出版社。

38. 张廉等主编，2019，《中国西北发展报告（2019）》，社会科学文献出版社。

四　学术论文

1. 阿日孜古丽·玉怒斯，2012，《新疆策勒县农村经济发展的问题与建议》，《实事求是》第 1 期。

2. 陈嘉欣、张子龙，2020，《西南边疆少数民族地区集市功能及变迁研究——以马关县都龙口岸集市为例》，《文山学院学报》第 2 期。

3. 陈强、慕乔，1999，《改革开放以来西北地区农村经济发展状况及对策探讨》，《延安大学学报》（社会科学版）第 1 期。

4. 陈锡文，2018，《实施乡村振兴战略，推进农业农村现代化》，《中国农业大学学报》（社会科学版）第 1 期。

5. 陈燕妮，2019，《新时代中国特色新型城镇化思想探析》，《学习论坛》，第 12 期。

6. 陈志新，2009，《西部农村物流发展的问题与对策分析——以宁夏为例》，《物流工程与管理》第 6 期。

7. 程黎君，2018，《甘肃民族地区城镇化发展的特色培育》，《发展》第 12 期。

8. 邓维杰，2014，《精准扶贫的难点、对策与路径选择》，《农村经济》第 6 期。

9. 狄国忠，2013，《试论宁夏六盘山连片特困地区农村公益性文化事业的建设》，《宁夏党校学报》第 5 期。

10. 杜朝光，2014，《民族地区集市的功能研究——以中越边境金厂集市为例》，《黑河学刊》第 8 期。

11. 方刚，2019，《农村电商扶贫内涵及作用机理研究》，《普洱学院学报》第 1 期。

12. 方劲，2014，《中国农村扶贫工作"内卷化"困境及其治理》，《社会建设》第 2 期。

13. 费孝通，1984，《小城镇 大问题》，《瞭望周刊》第 2 期。

14. 费孝通，1996，《论中国小城镇的发展》，《经济研究参考》第 Z1 期。

15. 冯旭芳、黄汉权，2007，《西部农村市场化的现状分析》，《宏观经济管理》第 8 期。

16. 高丽萍，2007，《农民内源性现代化意识和社会主义新农村建设》，《理论研究》第 2 期。

17. 高万芹，2018，《新乡贤在乡村振兴中的角色和参与路径研究》，《贵州大学学报》（社会科学版）第 3 期。

18. 高艳婷，2017，《西北农村经济发展现状及对策研究》，《时代农机》第 7 期。

19. 高志刚、李梦杰，2017，《基于结构模型的农村富余劳动力转移影响因素分析——以新疆乌苏市西湖镇为例》，《新疆财经》第 4 期。

20. 公风华、王顺冬，2007，《现阶段农村集市的文化功能探析——以鲁南蒙阴为例》，《新西部》第 8 期。

21. 古丽帛斯旦·买买提、古丽娜尔·阿不都拉，2010，《新疆农村经济的贫困分析》，《特区经济》第 4 期。

22. 郭湛、王维国，2009，《公共性的样态与内涵》，《哲学研究》第 8 期。

23. 韩官却加，2012，《发展地域特色文化　促进青海和谐社会建设》，《青海民族大学学报》（社会科学版）第 2 期。

24. 韩佳明、郑冰，2020，《农村电商研究综述》，《电子商务》第 6 期。

25. 何蓉，2017，《陕西特色小镇实施大战略》，《中国建设信息化》第 12 期。

26. 何植民，2020，《农村精准扶贫效果评估研究：现状、热点及展望——基于对文献关键词的共词网络分析》，《社会科学家》第 12 期。

27. 贺亮、韩鹏，2017，《在农村市场化建设中农村金融的改革与发展研究——构建供给与需求、市场与政府之间的平衡》，《农村金融研究》第 9 期。

28. 奂平清，2005，《华北乡村集市变迁与社会结构转型》，中国人民大学博士学位论文。

29. 黄承伟、覃志敏，2015，《论精准扶贫与国家扶贫治理体系建构》，《中国延安干部学院学报》第 1 期。

30. 黄火明，2007，《传统与变革：乡村集市文化与新农村文化建设的和谐整合》，《山东农业大学学报》（社会科学版）第 3 期。

31. 黄琴，2021，《青年文化赋能夜市新经济的观察——以姑苏夜市为例》，《江南论坛》第 8 期。

32. 贾江龙、苗松昊、夏凯俭，2020，《新疆乡村旅游收入与农村经济发展关系研究》，《北方经贸》第 7 期。

33. 贾永娟，2017，《传统集市的变迁研究——以鄂西南少数民族地区杨洞集市为中心的考察》，湖北民族学院硕士学位论文。

34. 景天魁，2014，《社会政策的效益底线与类型转变——基于改革开放以来反贫困历程的反思》，《探索与争鸣》第 10 期。

35. 李宝军、王建林，2013，《甘肃农产品现代物流体系建设研究》，《物流工程与管理》第 2 期。

36. 李光明、刘丹玉，2018，《多维度视角下新疆农村经济可持续发展》，《干旱区地理》第 3 期。

37. 李国斌，2014，《西北贫困地区农村经济发展研究》，《生产力研究》第 9 期。

38. 李红、陈治国，2011，《西北民族地区农产品第三方物流发展分析》，《物流科技》第 7 期。

39. 李怀宝，2010，《促进甘肃农村经济发展的财金政策探索》，《全国商情》第 11 期。

40. 李建民，1991，《我国集贸市场的微观结构分析》，《宝鸡师范学院学报》（哲学社会科学版）第 2 期。

41. 李德宽，2003，《西北回族"复合型经济"与宏观地缘构造的理论分析》《回族研究》第 4 期。

42. 李少惠、王韬，2008，《我国西北农村公共文化的供求矛盾现状与对策探析》，《未来与发展》第 11 期。

43. 李彦，2019，《缺失与重构：非政府组织在社区治理中的角色分析》，《赣南师范大学学报》第 2 期。

44. 梁小军、马国锋、张军、余卫平、邝鑫，2019，《粤西地区脱贫攻坚与体育特色小镇建设研究》，《体育科技》第 4 期。

45. 刘畅、刘鑫，2017，《邮政金融助力青海藏族地区电商扶贫的策略研究》，《邮政研究》第 3 期。

46. 刘朝霞、朱忠元，2015，《民族文化对新农村文化建设的意义研究——以甘肃临夏州为例》，《山西农业大学学报》（社会科学版）第 1 期。

47. 刘红岩，2021，《中国产业扶贫的减贫逻辑和实践路径》，《清华大学学报》（哲学社会科学版）第 1 期。

48. 刘宏霞、贾琼、谢宗棠，2016，《农村经济制度变迁与西北民族地区农业增长的实证研究——以青海省为例以尤勒滚鲁克村为例》，《开发研究》第 1 期。

49. 刘建忠，2015，《新疆喀什地区农村经济社会发展的思考——以尤勒滚鲁克村为例》，《实事求是》第 6 期。

50. 刘学武、杨国涛，2020，《从脱贫攻坚到乡村振兴的有效衔接与转型》，《甘肃社会科学》第 6 期。

51. 刘雪梅，2018，《社会力量促进乡村振兴的模式及机制研究——基于公益组织 S 赋能乡村 M 案例》，《四川行政学院学报》第 6 期。

52. 刘永利、董春风，2016，《西北 5 省区现代物流与对外贸易发展的协调效应研究》，《铁道运输与经济》第 7 期。

53. 刘月富，2012，《西北地区农产品物流发展探究》，《物流技术》第 9 期。

54. 刘中兰、白瑶，2018，《农村电商扶贫的进展、瓶颈与对策分析——基于宁夏盐池县的调查》，《湖北农业科学》第 10 期。

55. 骆鹏、赵红丽，2019，《西北五省物流一体化的经济效应与发展对策》，《商业经济研究》第 15 期。

56. 马丽，2009，《宁夏西海固地区农村经济增长中的科技创新因素分析》，《内蒙古农业科技》第 4 期。

57. 毛佑全，2005，《云南农村集贸市场的经济文化辐射功能及其特征》，《云南财贸学院学报》第 1 期。

58. 牛国元、佘艳萍，2001，《宁夏新阶段农业农村经济结构的战略性调整》，《宁夏党校学报》第 5 期。

59. 彭芬、刘璐琳，2019，《农村电子商务扶贫体系构建研究》，《北京交通大学学报》第 1 期。

60. 齐峰、由田，2020，《新时代文化扶贫的现实困境与路径探究》，《江淮论坛》第 1 期。

61. 曲玮、王建兵，2004，《甘肃农村经济发展与解决"三农"问题对策研究》，《开发研究》第 2 期。

62. 屈磊、艾力·斯木吐拉，2011，《新疆农村公路网现状分析》，《交通标准化》第 8 期。

63. 渠敬东，2012，《项目制：一种新的国家治理体制》，《中国社会科学》第 5 期。

64. 宋文周、王丁宏，1996，《关于西北地区农村经济发展的思考》，《陕西师范大学学报》（哲学社会科学版）第 4 期。

65. 苏生成、张丽婷，2014，《青海现代物流发展的 SWOT 分析》，《物流科技》第 5 期。

66. 孙剑斌、李自茂、彭笑，2018，《农村电子商务精准扶贫效果评价分析》，《赣南师范大学学报》第 6 期。

67. 孙健，2011，《西北民族地区农村公共文化服务体系的完善——以青海为例》，《青海社会科学》第 2 期。

68. 汤帮耀、邓菲、周清明，2017，《强化集镇文化功能建设的对策研究》，《中国农业资源与区划》第 6 期。

69. 汤宇华，2012，《论公益性文化事业与经营性文化产业的良性互动》，《毕节学院学报》第 2 期。

70. 唐丽霞、罗江月、李小云，2015，《精准扶贫机制实施的政策和实践困境》，《贵州社会科学》第 5 期。

71. 仝双印、陈国实，2007，《新疆农村经营性文化产业发展的思考》，《新疆教育学院学报》第 4 期。

72. 汪三贵、郭子豪，2015，《论中国的精准扶贫》，《贵州社会科学》第 5 期。

73. 汪向东、王昕天，2015，《电子商务与信息扶贫：互联网时代扶贫工作的新特点》，《西北农林科技大学学报》（社会科学版）第 4 期。

74. 王春光，2015，《社会治理视角下的农村开发扶贫问题研究》，《中共福建省委党校学报》第 3 期。

75. 王春光、孙兆霞，2013，《分享共赢视角下的武陵山区扶贫开发与社会建设》，《贵州社会科学》第 10 期。

76. 王华，2019，《新时期特色小镇的发展实践探究》，《智能城市》第 14 期。

77. 王娟娟、曾倩，2013，《陕西省物流发展的现状及对策研究》，《理论导刊》第 2 期。

78. 王敏，2015，《南疆乡村"巴扎"（集市）间的空间结构与文化含义》，《西北民族研究》第 2 期。

79. 王晓宇，2019，《人类学视角下乡村集市的功能》，《现代交际》第 3 期。

80. 王振、齐顾波、李凡、史博丽，2018，《乡村振兴战略的背景和本土化优势——基于对发展主义的反思》，《贵州社会科学》第 4 期。

81. 王正浩，2020，《物流业与城镇化的耦合协调对经济增长的影响——以西北五省为例》，《营销界》第 8 期。

82. 武联、李建伟，2006，《地域环境与城镇特色关系初探——以青海循化撒拉族自治县县城总体规划为例》，《西北大学学报》（自然科学版）第 5 期。

83. 熊顺聪、黄永红，2010，《中国农村的社会互动与人际传播研究》，《调研世界》第 2 期。

84. 许汉泽，2021，《"后三农时代"的乡村振兴：历史脉络、理论基础与现实审视》，《南京航空航天大学学报》（社会科学版）第 1 期。

85. 闫斌，2019，《新时代农村精准扶贫的法治困境及其破解》，《学术探索》第 12 期。

86. 杨国涛、马艳艳，2004，《宁夏农业与农村经济结构的调整——从生产力要素的角度分析》，《宁夏农学院学报》第 4 期。

87. 杨丽云，2018，《中越边境集市流动及功能分析——以云南省马关县金厂街为例》，《四川民族学院学报》第 4 期。

88. 杨媚，2014，《从新农村文化建设现状谈社会主义核心价值体系发挥引领作用的途径——基于对鲁西北农村社区的实证研究》，《企业导报》第 21 期。

89. 杨佩嘉，2020，《乡村振兴战略视域下青海河湟地区农村文化建设研究》，青海大学硕士学位论文。

90. 杨艳梅、王小宁，2019，《西北五省农村信息化对农村经济增长的异质门槛效应研究》，《西安石油大学学报》（社会科学版）第 3 期。

91. 叶青清，2019，《特色小镇和小城镇建设问题与对策研究》，《智库时代》第 19 期。

92. 尹建东、吕付华，2018，《传统延续与现代转型：当代中国边境集市结构功能变迁研究——以云南为中心的考察》，《云南师范大学学报》（哲学社会科学版）第 4 期。

93. 于兆艳，2018，《农村电商扶贫的发展对策研究》，《粮食科技与经济》第 11 期。

94. 袁庆林、周运锦、何琛姣，2005，《经营城镇特色　创建城镇品牌》，《赣南师范学院学报》第 2 期。

95. 岳天明，2004，《西北农村地区的文化消费：现状及其引导》，《社会》第 7 期。

96. 翟璠，2015，《西北贫困地区农村经济发展路径的若干研究》，《现代国企研究》第 18 期。

97. 张丙宣、华逸婕，2018，《激励结构、内生能力与乡村振兴》，《浙江社会科学》第 5 期。

98. 张建军、吴良伟，2017，《新疆南疆地区开展农村电商扶贫的问题与对策》，《克拉玛依学刊》第 5 期。

99. 张赛群，2021，《精准扶贫与乡村振兴战略：内在关联和有效衔接》，《武汉科技大学学报》（社会科学版）第 2 期。

100. 张文明、章志敏，2018，《资源·参与·认同：乡村振兴的内生发展逻辑与路径选择》，《社会科学》第 11 期。

101. 张晓东、姚宗建，2020，《城镇化发展中的小城镇特色建设问题研究》，《安徽农业大学学报》（社会科学版）第 6 期。

102. 张秀君、张磊，2014，《西北地区农村文化建设的模式选择依据》，《长春理工大学学报》（社会科学版）第 3 期。

103. 张跃、王晓艳，2010，《少数民族地区集市的文化内涵分析——透视昙华彝族"赶街"》，《思想战线》第 6 期。

104. 赵守超，2018，《权力、资本与生活：乡村集市空间的失序逻辑与治理重构》，《华中师范大学研究生学报》第 4 期。

105. 赵栓文，2001，《陕西农村经济发展若干问题及对策探讨》，《理论导刊》第 10 期。

106. 赵卓娟，2017，《秦巴山区农村经济转型的困境与对策——以陕西岚皋县为例》，《新西部》第 25 期。

107. 郑风田、杨慧莲，2019，《村庄异质性与差异化乡村振兴需求》，《新疆师范大学学报》（哲学社会科学版）第 1 期。

108. 郑丕甲，2014，《当前我国农村公益性文化存在的问题及对策》，《学理论》第 13 期。

109. 周智生、张重艳，2011，《山坝地域结构中的云南乡村集市功能演进机理研究——以云南省丽江市九河乡为例》，《经济问题探索》第 9 期。

110. 竺乾威，2008，《从新公共管理到整体性治理》，《中国行政管理》第 10 期。

111. 宗传宏、刘佼，2020，《上海夜间经济发展的文化嵌入透析》，《城市观察》第 3 期。

112. 邹健健、刘维忠，2017，《新疆发展"一村一终端"农产品电商的思考》，《农业展望》第 3 期。

五　报纸网络文献

1. 黑宏伟，2020，《我区进一步扩大电商扶贫覆盖面　去年电商服务贫困人口 9.74 万人次》，《新疆日报》3 月 18 日，第 1 版。

2. 李傲，2020，《代理 + 分销模式 让全国人民帮忙销售陇南农产品》，《新京报》10 月 31 日，转引自 https://baijiahao. baidu. com/s？id = 1681979261698751922&wfr = spider&for = pc。

3. 李向红，2020，《"大喇叭"走向主战场 | 秦声秦韵宣传疫情防控》，《陕西日报》1 月 28 日，转引自 https://m. gmw. cn/bai-jia/2020 – 01/28/1300904863. html。

4. 谭梅，2019，《2018 年青海省新增市场主体 7.5 万户》，《青海日报》1 月 22 日，转引自 https://www. gov. cn/xinwen/2019 – 01/22/content_5360076. htm。

5. 拓兆兵，2021，《这个村子为啥能留住年轻人——宁夏西吉县兴隆镇单家集村发展调查》，《经济日报》11 月 22 日，第 9 版。

6. 雪克来提·扎克尔，2020，《新疆 2019 年政府工作报告》，新疆维吾尔自治区人民政府网，1 月 6 日，http://www. xinjiang. gov. cn/xinjiang/gzbg/202001/caadb525b77f44e6b3b9ce9df44f94eb. shtml。

7. 王婧雅，2021，《打造美丽乡村建设"升级版"! 宁夏累计建设美丽小城镇 147 个》，《宁夏日报》1 月 15 日，转引自 https://www. sohu. com/a/444949708_100009707。

8. 查燕荣，2018，《新疆市场主体总数达 146.9 万户》，《中国县域经济报》2 月 1 日，第 11 版。

后　记

　　本书是在我主持的国家社科基金一般项目"传统集市在西北民族地区农村精准扶贫中的驱动机制研究"（项目批准号：17BMZ093）的基础上修改完成的。长期以来，我感兴趣的研究领域是农村问题，这或许与我生活的经历有关吧。生于农村、长于农村，深切体会到农民群众的期盼，感受到他们的生活不容易，因此期望自己的研究成果能够在改变农民生活境况方面有所帮助。

　　20世纪80年代，国家开展"三西"建设，实施易地扶贫搬迁，宁夏将黄河水通过扬黄灌溉工程引入中部干旱带，进行扶贫开发。为响应政府政策，奔着过上美好生活的愿望，大批群众从山区搬到平原。作为第一代搬迁移民中的一员，以一个亲历者的视角，我也做了一些相关的探索性研究。此后，国家进一步实施了生态建设与扶贫开发融合推进的政策性移民搬迁，我的博士学位论文在这方面做了深入调查研究。进入新时代，国家实施了精准扶贫政策，旨在从根本上解决农村绝对贫困问题，我以"传统集市在西北民族地区农村精准扶贫中的驱动机制研究"为题，申请国家社科基金一般项目，获得批准。该项目2017年7月立项，2022年5月顺利结项，结项证书号为20221888。

　　"三农"问题是经典命题，乡村振兴是一个宏大的课题，本书以乡村集市为切入点进行研究。那么，为什么选择乡村集市呢？乡村集市在农村地区尤其是西北农村地区是一个集经济、政治、社会、文化于一体的综合性场域。费孝通先生在《小城镇四记》中写有一首民谣："集市像块吸铁石，吸着农民去赶集。手里扶着犁，心里想着集。身在地里干，心在集上转。赶了东集赶西集，一天到晚忙赶集。"这首民谣深刻描述了乡村集市的生动场景。实际上，市场经济发展很快，超市、批发部在农村已经很普遍，但是乡村集市在经济欠发达地区依然活跃，在农村扮演着重要的角色，也是乡村振兴的有效推动载体。

本书出版获得"宁夏青年拔尖人才培养工程"经费资助。感谢在调研过程中陕西、甘肃、宁夏、青海、新疆等地的政府工作人员、乡村集市管理人员、乡村集市参与者、商贩的理解与配合，没有他们提供的资料与素材，本课题是很难完成的；感谢社会科学文献出版社刘荣、张真真等编辑精心编校；感谢宁夏社会科学院的同仁支持。

当然，由于作者水平有限，书中难免出现错漏，恳请读者朋友批评指正。

丁生忠

2023 年 7 月 26 日

图书在版编目（CIP）数据

乡村集市与乡村振兴 / 丁生忠著. -- 北京：社会
科学文献出版社，2023.10
ISBN 978 - 7 - 5228 - 2610 - 3

Ⅰ.①乡…　Ⅱ.①丁…　Ⅲ.①农村市场 - 研究 - 中国
Ⅳ.①F723.82

中国国家版本馆 CIP 数据核字（2023）第 186894 号

乡村集市与乡村振兴

著　　者 / 丁生忠

出 版 人 / 冀祥德
责任编辑 / 刘　荣
文稿编辑 / 张真真
责任印制 / 王京美

出　　版 / 社会科学文献出版社（010）59367011
　　　　　　地址：北京市北三环中路甲 29 号院华龙大厦　邮编：100029
　　　　　　网址：www. ssap. com. cn
发　　行 / 社会科学文献出版社（010）59367028
印　　装 / 三河市东方印刷有限公司

规　　格 / 开　本：787mm × 1092mm　1/16
　　　　　　印　张：13.5　字　数：188 千字
版　　次 / 2023 年 10 月第 1 版　2023 年 10 月第 1 次印刷
书　　号 / ISBN 978 - 7 - 5228 - 2610 - 3
定　　价 / 98.00 元

读者服务电话：4008918866